Unserer treuen
Freundin in
Dankbarkeit.
G. L.

1.6.96

ZEUGEN DES JAHRHUNDERTS

1

Gottfried Lindner

Arzt zwischen Pflicht und Neigung

FOUQUÉ-PRESSE FÜR NEUE LITERATUR
Egelsbach | Frankfurt | St. Peter Port

ZEUGEN DES JAHRHUNDERTS

1

Die Deutsche Bibliothek - CIP-Einheitsaufnahme
Lindner, Gottfried: Arzt zwischen Pflicht und
Neigung / Gottfried Lindner. -
Egelsbach ; Frankfurt (Main) ; St. Peter Port :
Fouqué-Presse für Neue Literatur,
Hänsel-Hohenhausen, 1996
(Zeugen des Jahrhunderts ; 1)
ISBN 3-89349-918-0
NE: GT

FOUQUÉ-PRESSE FÜR NEUE LITERATUR
ist ein Impressum des
©VERLAGS DR. MARKUS HÄNSEL-HOHENHAUSEN®
in Verbindung mit Knaresborough Ltd.
D - 63324 Egelsbach

ISBN 3-89349-918-0

1996

Gedruckt auf säurefreiem Papier.

Printed in Germany.

Inhalt

Vorwort

Im Juni dieses Jahres werde ich, so Gott es will, auf 53 Jahre ärztliche Tätigkeit zurückblicken dürfen.
Diese reichlich 5 Jahrzehnte waren angefüllt mit vielen Ereignissen und Erlebnissen, mit hellen Blättern und auch dunklen Blättern, wie der von mir verehrte Professor Rudolf Nissen seine "Erinnerungen eines Chirurgen" überschrieb. Von den auch noch zu beschreibenden dunklen Blättern abgesehen, überwiegen dennoch die hellen Blätter, die erfreulichen Erlebnisse, die mein bisheriges Berufsleben als Arzt erfüllten. Dank des Verständnisses und jahrelanger Mithilfe durch meine Frau konnte ich mich voll und ganz, Tag und Nacht, in eigener Praxis und in den Jahren meiner Krankenhaustätigkeit, unter anderem im Bad Elster, den mir anvertrauten kranken Menschen widmen. Man könnte wahrlich sagen, daß ich seit über 50 Jahren mit der Praxis und Klinik bis zum heutigen Tage "verheiratet" bin, ohne jemals verständlich gewesene Vorhaltungen von meiner Frau hätte hinnehmen müssen. So konnte ich mich voll und ganz einer vielseitigen ärztlichen Ausbildung hingeben, und ich war in der Lage, sehr vielen Kranken in Praxis und Klinik hilfreich zur Seite zu stehen. An wie vielen Krankenbetten habe ich in den Jahrzehnten bei Tag und bei Nacht gesessen, an Wochentagen, Sonn- und Feiertagen. Den sogenannten 8-Stunden-Tag gab es nicht. Und wie viele tausend Menschen saßen in meinem Sprechzimmer, um mir ihr Leid und ihre Beschwerden zu klagen und die mich um Hilfe baten.
Hilfe zu leisten und Verständnis aufzubringen war eine nicht leichte Aufgabe, und über viele Fälle mußte ich noch nachts nachdenken, nachgrübeln und in meiner umfangreichen und vielseitigen medizinischen Literatur nachlesen. Und so manchen "Fall" nahm ich mit in den Urlaub und telefonierte von dort aus mit der Klinik, um mich nach dem Befund dieses oder jenes vor Urlaubsantritt operierten Patienten zu erkundigen. Wenn ich dann günstige Berichte bekam, genoß ich mit meiner Familie die Freiheit des Urlaubs und war ganz und gar mit ihnen gemeinsam ein freier und glücklicher Mensch.
Mein Leben war bisher erfüllt im Wunsch und in den Bestrebungen, Arzt im wahrsten Sinne des Wortes zu sein, und ich stimme Professor Dr. Hackethal ohne Einschränkung darin zu, daß man sich einem kranken Menschen voll und ganz und bedingungslos zur Verfügung stellen soll, als wenn dieser mein bester Freund sei. Um mit bedingungslosem Einsatz

rund um die Uhr Arzt sein zu können, ohne dabei selbst Schaden zu nehmen, muß man die Menschen lieben. Diese Liebe ist der Garant dafür, auf viele Annehmlichkeiten des Lebens verzichten zu können, ohne zu klagen und ohne unwillig zu sein.
Liebe Freunde und Bekannte können diese Einstellung oft nur bedingt verstehen und vergleichen mich mit einem Mönch, der nur für den Dienst am kranken Menschen zur Stelle ist.
All dies ist jedoch für einen Arzt aus Leidenschaft nur möglich und durchführbar, wenn er verständnisvolle Partner und Mitarbeiter zur Seite hat, die bei Tag und Nacht, wochentags und an den Sonntagen mit zur Stelle sind und nicht auf die Uhr schauen und nach 8-Stunden-Tätigkeit den Betrieb verlassen.
Es ist heute nach den über 50 Jahren mein Verlangen und meine Pflicht, meiner lieben Frau Dank zu sagen für ihre Mithilfe und für ihre mir entgegengebrachte Geduld, ohne die ich nicht das zu leisten in der Lage gewesen wäre. Sie mußte durch meinen Beruf, für den ich ganz und gar lebte, auf viele Annehmlichkeiten und auf viel Schönes im Leben verzichten. Und sie tat es, ohne mir diesbezüglich Vorhaltungen zu machen.
Dank meinen treuen Mitarbeitern in meiner Praxis nach Kriegsende zu sagen, ist mir auch ein unbedingtes Bedürfnis. Auf ihre unermüdliche Tätigkeit werde ich noch ausführlich einzugehen haben, wenn ich über die Zeitspanne 1945 bis 1950 berichte.

Um mich medizinisch und wissenschaftlich laufend fortbilden zu können, hielt ich über viele Jahre (und bis in die Gegenwart) bis zu 10 verschiedene wissenschaftliche Zeitschriften. Wichtig für das Halten und den Nutzen einer Zeitschriftenliteratur ist deren Archivierung. Ich hatte das große Glück, ab 1945 einen wissenschaftlichen Archivar zu haben, Herrn Josef Kluger, der aus Oberschlesien geflüchtet war, der als sein Hobby meine umfangreiche Zeitschriftenliteratur archivierte und dies auch noch durchführte, nachdem ich bereits in Bad Elster klinisch tätig war. Diesem getreuen Mann habe ich großen Dank zu zollen; denn was bedeutet eine umfangreiche Zeitschriftenliteratur, wenn sie nicht sorgfältig archiviert ist. Sie wäre wertlos und das viele dafür aufgewendete Geld wäre zum Fenster hinausgeworfen gewesen. - Dieser getreue Freund und Helfer ist schon lange nicht mehr unter den Lebenden, und ich gedenke seiner heute noch in Dankbarbeit und Verehrung.
Ich darf nicht vergessen, der mit mir unermüdlich arbeitenden Schwesternschaft im Krankenhaus Bad Elster Dank zu sagen. Diese von

mir verehrten Zehlendorfer Diakonieschwestern kannten ebenfalls nur ihre Arbeit für den kranken Menschen, und sie waren mit Liebe zum Menschen beseelt - die Voraussetzung für eine erfolgreiche Tätigkeit. Ich gedenke heute noch in Dankbarkeit und Verehrung auch dieser wertvollen Mitarbeiterinnen, von den wohl die meisten schon ihr Erdenleben hinter sich gebracht haben.
Nun stehe ich am Scheitelpunkt meines langen Berufslebens, dessen Verantwortung aus der nicht hinwegzudenkenden Liebe zum kranken Menschen erwachsen ist. Mag dies für Arztkollegen der jungen Generation recht altmodisch klingen, mögen manche meiner Berichte vielleicht ungläubig bestaunt werden, so dürfte doch eines klar werden: Die medizinische Schule der Neuzeit basiert in vielen wichtigen und für die kranken Menschen wertvollen Gepflogenheiten auf den Erkenntnissen der alten Schule, die mitnichten als altmodisch und überholt abgetan werden darf.

Ich habe meine Erinnerungen aus dem Langzeitgedächtnis niedergeschrieben und hoffe, von denen recht verstanden zu werden, denen der ärztliche Beruf nicht Status, sondern Berufung, nicht Macht, sondern Verantwortung, nicht Handwerk, sondern Dienst am Menschen ist.

25. März 1995 Gottfried Lindner

Aus meiner Kindheit und Schulzeit

Ich erinnere mich sehr gut. Mein Langzeitgedächtnis reicht bis in mein viertes Lebensjahr zurück.
Ich wurde am 10. Juli 1916 geboren. In Falkenstein, einem Städtchen des Vogtlandes, war mein Vater Rechtsanwalt und Notar und meine Mutter, die aus einer Bankiersfamilie in Meerane/Sachsen stammt, war vor der Eheschließung mit meinem Vater mehrere Jahre als Operationsschwester tätig.
Mein Vater war ein ernster und gütiger Mann, der aber auch zu besonderen Anlässen fröhlich sein konnte. Und meine Mutter war stets fröhlich und für meinen ernst veranlagten Vater die richtige Frau.
Ernst war mein Vater geworden durch den zeitigen Verlust seines Vaters, des Oberzahlmeisters bei den Freiburger Jägern, und durch den Verlust seiner jungen Schwester. Durch diese beiden Schicksalsschläge wurde seine Mutter eine schwermütige und dem Leben gegenüber negativ eingestellte Frau. Und dies wirkte sich naturgemäß auf die Seele meines Vaters aus.

Meine Kindheit in den ersten 4 Jahren war in der Wohnung, in der ich geboren wurde, eine sehr glückliche Zeit, soweit ich mich daran erinnern kann.
Wenn ich oben von einem ausgeprägten Langzeiterinnerungsvermögen sprach, dann wird das unter anderem durch folgendes Ereignis bewiesen: Im Haus, wo meine Eltern und ich wohnten, hatte ein Rechtsanwalt die Etage über uns gemietet. Dieser Rechtsanwalt besaß, was 1919 und 1920 eine Seltenheit war, ein offenes Auto, welches in der Garage, die im Hof gebaut war, stand. Dieses Auto hatte mittelbraune Lederpolstersitze. Eines Tages durfte ich mich einmal in den Wagen setzen, und zwar auf einen Vordersitz. Ich erinnere mich noch heute genau an den Geruch der Ledersitze.

1919 kaufte mein Vater ein eigenes Haus, wo auch seine 5 Büroräume im Parterre lagen. Als Rechtsanwalt und Notar wurde mein Vater in meiner Heimatstadt Falkenstein zum ehrenamtlichen zweiten Bürgermeister bestellt, dem unter anderem die Polizei unterstand.
Zu dieser Zeit herrschte in meiner Heimat der Spartakistenführer Max Hölz (mit dem mein Vater als zweiter Bürgermeister im Clinch lag), der meine Heimatstadt zu einer kommunistischen Hochburg machte. Hölz

schreckte nicht davor zurück, Geisel zu nehmen und diese durch die Straßen der Stadt zu führen und zu demütigen.
Wie mir meine Eltern später berichteten, hatte Hölz die Absicht, das neben meinem Elternhaus gelegene Amtsgericht in die Luft zu sprengen. Laut Bericht meiner Eltern haben diese abwechselnd nachts am Fenster zum Amtsgericht Wache gestanden, bewaffnet mit einer kleinen Walther-Pistole.
Als meine tapfere Mutter eines nachts im Garten des Amtsgerichtes einen blinkenden Gegenstand ausmachte, schlich sie sich, mit der Pistole bewaffnet, allein in den Amtsgerichtsgarten und fand den blinkenden Gegenstand in Form einer Blechdose, die im Mondlicht das Glänzen hervorrief.

Eines Nachts - ich war noch keine 4 Jahre alt - holte mich meine Mutter des nachts aus dem Bett. Sie setzte mich, um mich anzukleiden, auf den Wohnzimmertisch, von wo aus ich durch die beiden Fenster die erste Bürgerschule sehen konnte. Ich erinnere mich heute ganz deutlich an einen großen roten Feuerschein, hervorgerufen durch mehrere brennende Villen auf der Kaiser-Wilhelm-Straße. Der kommunistische Mob hatte dort einen ganzen Straßenzug Villen niedergebrannt.
In dieser Nacht wurden meine Eltern und ich von einem Bekannten, der Dirktor einer chemischen Fabrik war, mit dessen Wagen abgeholt und in ihrer Wohnung am Stadtrand untergebracht. In dieser Nacht, ich lag mit im Bett meiner Mutter, sah ich, wie ein großes Villengrundstück, an der Ausfallstraße des Ortes gelegen, in hellen Flammen stand. Ich könnte all diese Erinnerungen heute noch malen.
Dieses brennende Haus an der Ausfallstraße des Ortes gehörte einem Onkel meines Schulfreundes Gotthard Schettler, der dieses Unglück in seinen vor kurzem erschienenen Memoiren beschrieb (Erlebtes und Erdachtes).

Eines Tages hielt Max Hölz vor dem Rathaus unter freiem Himmel eine kommunistische Versammlung ab und sprach dort selbst. Mein Vater stand, wie er mir später berichtete, mitten unter den Zuhörern (als ehrenamtlicher zweiter Bürgermeister). Am Schluß seiner Rede brüllte Hölz dann zu seinen Gefolgsleuten: "Und nun, Genossen, jetzt holen wir den Lindner-Fritz." Meinem Vater gelang die Flucht zu einem Mandanten im Nachbardorf, von wo er meiner Mutter die Nachricht zukommen ließ, sie solle nachts mit mir und dem Nötigsten zu ihm nachkommen. Dieses geschah ohne Zwischenfall. Am folgenden sehr zeitigen Morgen fuhren meine Eltern mit mir dann in einer

Zweispänner-Hochzeitskutsche auf Wald- und Wiesenwegen über 60 km zu meinen Großeltern nach Meerane, wo wir blieben, bis das aus Bayern angerückte Freikorps Ritter von Epp in meiner Heimat wieder für Ordnung sorgte. Noch eine gewisse Zeit hatten meine Eltern einen Leutnant dieses Freikorps als Einquartierung.
Auf der Gefahr drohenden Kutschfahrt nach Meerane soll ich, laut Aussage meiner Mutter, als knapp vierjähriger Junge gesagt haben: "Es ist wie bei einer Hochzeit. Der Vater ist Bräutigam, und Mutti ist die Braut." (Meine Mutter war mit meinem Bruder Eberhard hochschwanger). Das erzählte meine Mutter noch häufig.
Nach Kriegsende 1945 und zum Zeitpunkt des Einrückens der russischen Truppen ins Vogtland lebten noch einige Vasallen des Spartakistenführers Max Hölz, unter anderem ein gewisser W.T., der von der russischen Besatzungsmacht zum Polizeichef meiner Heimatstadt bestellt wurde. Diesen noch übriggebliebenen kommunistischen Vasallen gelang es dann auch, meine Eltern total zu enteignen und meinem Vater Berufsverbot aufzuerlegen, nachdem er noch eine gewisse Zeit völlig grundlos inhaftiert worden war, ohne daß irgendein Verfahren gegen ihn angestrengt wurde. -
Die Folge war, daß meine Eltern 1947/48 meine Heimatstadt fluchtartig verließen und zu Freunden nach Westfalen zogen. Dort gelang es meinem Vater, mit 67 Jahren nochmals eine Anwalts- und Notarpraxis aufzubauen, die ihn in Westfalen sehr bald bekannt werden ließ. Die Früchte seiner Arbeit in den Händen haltend, verstarb mein Vater mit knapp 71 Jahren durch eine massive Lungenembolie auf der Basis einer Beinvenenthrombose.
In tiefer Trauer um meinen prächtigen Vater verfaßte ich zu seiner Ehre einen ausführlichen Nachruf, der sich im Duplikat noch in meinen Händen befindet und den ich in stillen Stunden noch manchmal hervorholte.

In den Jahren 1923 bis 1927 besuchte ich die erste Volksschule in meiner Heimatstadt, wo mir die vorzüglichen Klassenlehrer Perl und Fleischer das Grundwissen in mehreren Fächern beibrachten.
Ab 1927 wurde ich in der Realschule (später Reform-Real-Gymnasium) meiner Heimatstadt in vielen Fächern unterichtet und schloß diese Ausbildung 1936 mit dem Abitur ab. Dieser Schulzeit mit den vorzüglichen Lehrkräften gedenke ich gern.
Eines meiner Lieblingsfächer war die Menschenkunde, der ich mich mit allergrößtem Interesse widmete. Neben mehreren diesbezüglichen Lehrbüchern hielt ich in den letzten zwei Schuljahren regelmäßig noch

die sogenannten "Ärztlichen Sammelblätter", die mir unser alter langjähriger Hausarzt empfahl, da er sie selbst abonniert hatte.
Im letzten Schuljahr wurden alle Schulabgänger einzeln durch einen Herrn vom Ministerium, den gewünschten Beruf betreffend, beraten. Als ich nach meinem Berufswunsch gefragt wurde, sagte ich wie aus der Pistole geschossen, daß für mich nur der Beruf eines Arztes in Frage käme. Daraufhin fragte er mich, ob ich ihm sagen könne, an welcher Krankheit er leidet. Ich sagte ihm auf den Kopf zu, daß er Asthma bronchiale habe. Daraufhin entließ er mich mit seinen besten Wünschen.

Meine liebe Mutter, die 1984 mit 96 Jahren sanft in die Ewigkeit einging, berichtete mir später einmal, daß ich als Fünfjähriger bereits geäußert hätte: "Ich werde einmal ein Onkel Doktor."

Von über 20 Mitschülern sind nun noch sieben am Leben. Die restlichen Kameraden und Kameradinnen sind teils auf den Schlachtfeldern des 2. Weltkrieges geblieben, teils sind sie auf andere Art und Weise von dieser Welt in die Ewigkeit abgerufen worden.
Ich habe unlängst einen umfangreichen Klassenrundbrief verfaßt, den die noch restlich verbliebenen vier Klassenkameraden und zwei Klassenkameradinnen erreichen soll mit der Bitte um Mitteilung ihres Lebensweges ab 1936.

Seit 1936 sind nun auch schon 59 Jahre ins Land gegangen, nahezu die Zeit eines ganzen Menschenlebens. Und was hat sich in dieser Zeitspanne alles zugetragen? Was haben wir erlebt, und was mußten wir teilweise über uns ergehen lassen?

Der Ernst des Lebens

Nach Abschluß des Abiturs (mit einem schönen Abschlußball als Krönung) folgte die sogenannte Muluszeit, die Zeit zwischen Schulabschluß und Beginn des beruflichen Lebens. In dieser Zeit, frei von allen Pflichten und Belastungen, durchstreifte ich noch einmal, bewaffnet mit einem Fotoapparat, meine geliebten Vogtlandwälder und nahm Abschied von ihnen. Denn bald sollte der Ernst des Lebens beginnen und zwar in Form der Arbeitsdienstzeit, die ich nach kurzem Aufenthalt in einem Lager in Klingental im böhmisch-bayrischem Wald verbrachte. Dort war unsere Aufgabe des Roden von Urwald, um für ansäßige Bauern Land urbar zu machen. Es war wohl arbeitsmäßig eine schwere Zeit, aber ansonsten ging es mir gut, bis auf einen fünfwöchigen Krankenhausaufenthalt in Zwiesel weger einer ausgedehnten Lymphgefäßentzündung im rechten Bein nach einem Insektenstich. Im Oktober 1936 war diese Dienstzeit beendet.

Geplant hatte ich eigentlich, gleich im Anschluß an den Arbeitsdienst meiner Wehrdienstpflicht, aber noch vor dem Studium nachzukommen. Ich meldete mich folglich schon vor Beendigung der Schulzeit bei einer Nachrichtenabteilung in Sondershausen als Freiwilliger. Die Untersuchung für diesen Dienst fand im Februar in Chemnitz statt in Form einer mündlichen und schriftlichen Prüfung, Sportprüfung mit 3000m-Lauf und eingehender körperlicher Untersuchung.
Nach Beendigung aller Formalitäten sagte man mir als Ergebnis, daß ich für diese Aufklärungsabteilung tauglich und angenommen sei. Nachdem ich das Gebäude, wo die Prüfung stattfand, bereits verlassen hatte, kam mir ein Unteroffizier nach und bat mich, noch einmal zurückzukomme, da man vergessen hatte, meine Augen auf Farbtüchtigkeit zu überprüfen. Das Schicksal meinte es gut mit mir, wie ich heute weiß; denn bei dieser Untersuchung fiel ich durch, da ich nicht 100% farbsicher bin, was für den Dienst bei einer Nachrichtenabteilung erforderlich ist. Ich war zunächst betrübt und versuchte noch bei den Infanterieabteilungen Plauen und Zwickau als Freiwilliger anzukommen, was mir aber nicht gelang, da die Zeit der freiwilligen Meldung bereits Ende Januar abgelaufen war.
So erhielt ich vom zuständigen Wehrbezirkskommando die Mitteilung, daß man mich vom Wehrdienst bis nach dem medizinischen Staatsexamen zurückstellen werde, da man berücksichtigte, daß ich mich

bemüht hatte, noch vor Beginn des Studiums meiner Wehrdienstpflicht nachzukommen.

Heute weiß ich: Wäre ich damals bei der Nachrichtenabteilung Sondershausen angenommen worden, wäre ich 1939 gleich als einer der Ersten mit in den Polenfeldzug verwickelt gewesen. Und dort sind gerade von den Nachrichtenabteilungen viele junge Männer zu Tode gekommen. Das Schicksal hat es doch gut mit mir gemeint, wie so oft in meinem Leben, wenn ich auf die vergangenen Jahrzehnte zurückblicke.

Nachdem ich im Oktober 1936 den Spaten beim Arbeitsdienst abgegeben hatte, führte mich mein Weg in den Osten unserer Heimat, und zwar nach Königsberg, wo ich mein Medizinstudium begann und nach 4 Semestern mein Vorphysikum bestand. Auf Königsberg als erste Universitätsstadt kam ich, da dort ein Freund meines Vaters mit seiner Familie wohnte, der in Königsberg an der Oberpostdirektion als Oberpostrat tätig war. So war ich nicht ganz und gar in der Fremde, und ich verlebte mit der befreundeten Familie in Königsberg und Umgebung schöne Stunden.
Nach einer Studentenwohnung mußte ich nicht lange suchen. In der Nähe des Haupbahnhofes, gleich gegenüber der Haberberger Kirche, fand ich bei einem sehr netten Ehepaar ein recht schönes Zimmer mit Schreibtisch, Klavierbenutzung (dies war für mich sehr wichtig, da ich in dieser Zeit so manche Melodie zu Papier brachte), Bade- und Küchenbenutzung. Für dieses Zimmer mit Frühstück und allem Drum und Dran zahlte ich in den Jahren 1936 bis 1938 (solange wohnte ich in Königsberg) monatlich 30,--, im Winter 35,--. Mein Wirt, Herr Wölk, fuhr bei der Feuerwehr den Krankenkraftwagen und war, genauso wie seine mütterliche Frau, ein prachtvoller und hilfsbereiter Mensch. Ich verlebte in diesem Familienkreis unvergeßliche Jahre, und nach dem Krieg erfuhr ich, daß mein guter Herr Wölk beim Einmarsch der russischen Truppen erschossen worden war. Mit Herrn Wölk hatte mich eine regelrechte Freundschaft verbunden. Er hatte mir zum Beispiel regelmäßig meine Hosen gebügelt, und dafür schnitt ich ihm immer die Haare, so daß mich Frau Wölk eines Tages fragte, ob ich auch den Beruf eines Frisörs gelernt hätte.

Herrn Wölk betreffend, erinnere ich mich an folgende Begebenheit: Eines Tages schnitt ich mich beim Präparieren einer Leiche in der Anatomie in den Finger. Dies zeigte ich am Abend meinem Wirt. Da ich am folgenden Morgen nicht wie immer um 6.00 Uhr aus den Federn war, klopfte Herr Wölk an meine Zimmertür und fragte, was los sei. Als er feststellte, daß ich ca. 39 Grad Fieber hatte, verschwand er blitzschnell und war nach einer halben Stunde mit dem Krankenkraftwagen zur Stelle. Man fuhr mich unverzüglich in die Universitätsklinik, da kurz vorher ein Assistent der Pathologie gestorben war, nachdem er sich beim Sezieren einer Leiche verletzt hatte. Deshalb der schnelle Transport in die Klinik. - Glücklicher Weise handelte es sich aber lediglich um einen massiven grippalen Infekt, der in Königsberg viele Menschen betroffen hatte. Die Hörsäle waren halb leer.

Nun zu meinem Studium in Königsberg. Auf dem Studienplan für Königsberg standen in den ersten 4 Semestern Anatomie, Physik, Chemie, Biologie und Zoologie.
Die Anatomie war wieder unterteilt in Vorlesungen und Präparierübungen an Leichen. Mein alter Anatomieprofessor, Professor Heiß, hatte bei seinen Vorlesungen noch einen Talar an, mit einer Kordel um den Leib, und auf dem Kopf trug er eine kleine Kappe. Das war noch die alte Schule, während sein erster Oberarzt, Professor Dr. Zeiger, der vor allem für den Präpariersaal zuständig war, nur einen weißen Mantel trug. Die Tätigkeit unter seiner Leitung war sehr fruchtbringend.
Bei dieser Tätigkeit (Präparation von Leichen) übte ich mich im übrigen im beidhändigen Arbeiten. Meinen Eltern fiel erstmals auf, daß ich wie ein typischer Linkshänder aß, das heißt, das Messer mit der linken Hand und die Gabel mit der rechten Hand führte. Aus Spaß sagte ich dann später mal, daß ich der Meinung sei, daß man das Eßinstrument mit der rechten Hand zum Mund führen müsse.
Geschrieben wird bei mir nur mit der rechten Hand, und auch sonst bin vorwiegend Rechtshänder. Aber bei der Tätigkeit im Präparationssaal übte ich systematisch das beidhändige Arbeiten, was mir dann später im chirurgischen Dienst sehr zustatten kam.
Anatomie war für mich in Königsberg der wichtigste Teil des dortigen Studiums. Besonders interessierte mich auch das Organ Haut, mit dem ich mich bereits vor Beginn meines Studiums beschäftigt hatte. Als Primaner war ich bereits durch die "ärztlichen Sammelblätter" auf den sogenannten Baunscheidtismus gestoßen. Baunscheidt schrieb, daß man soviel als möglich Krankheiten auf die Haut ableiten sollte. Dazu konstruierte er ein Schneppgerät mit ca. 40 feinsten Messerchen. Damit schneppte er die Haut über den erkrankten Körperpartien, wodurch es zu vielen kleinsten Hauteinschnitten kam. Diese geschneppte Hautpartie rieb er dann mit einem eigens entwickelten Oel (Oleum Baunscheidtii)

ein, und es entwickelten sich dann dort viele kleine Pustelchen als Anzeichen, daß entzündliche Prozeße auf die Haut abgeleitet wurden.
Nach dem Krieg, wo es an Medikamenten mangelte, griff ich dann auf ähnliche Verfahren zurück.
Bis zum heutigen Tag ist für mich vielfach die Haut ein ungemein wichtiges Organ, und ich weiß noch, daß ich in Königsberg auf die erste Seite meines ersten Collegeheftes folgenden Satz schrieb: "Man versuche, so häufig als möglich, Krankheiten auf die Haut abzuleiten." Wie gesagt, werde ich in meinen späteren Ausführungen mehrmals wieder auf dieses Verfahren zurückkommen.
Interessante Vorlesungen boten Professor Dr. Schütz für das Gebiet der Physik und Professor Dr. Mothes (aus Plauen stammend, meine nähere Heimat) für das Gebiet der Botanik. Die Namen der Professoren für die Gebiete Chemie und Zoologie sind mir nicht mehr gegenwärtig, da ich von jeher ein sehr schlechtes Namensgedächtnis hatte.

Schon in der Zeit vor dem Vorphysikum erkannte ich, daß für einen Arzt, der *Menschenarzt* sein will, nicht nur die Vorlesungen für die Gebiete der eigentlichen Medizin erforderlich und wichtig sind. Um sich einem kranken Menschen mit Erfolg annehmen zu können, um ihn zu verstehen und um sich in ihn voll und ganz hineinversetzen zu können, sind philosophische und theologische Gedankengänge erforderlich, die mit dem Gebiet der Medizin eng verflochten sein sollen.
Medizin, Philosophie und Theologie stellen eine Trias dar, die geeignet ist, einen Menschenarzt in idealer Weise zu formen und ihm die oft schwerste Arbeit zu erleichtern. Aus diesem Grunde habe ich in Königsberg während der ersten vier Semester auch diese und jene Vorlesung auf den Gebieten Philosophie und Theologie gehört und erkannte schon damals in meinen jungen Jahren und zum Beginn des Medizinstudiums den Wert und die Notwendigkeit, Medizin mit den Gebieten Philosophie und Theologie zu einer für den kranken Menschen fruchtbaren Trias zu kombinieren.
Zur Stadt Königsberg sei gesagt, daß es sich um eine der schönsten Städte, die ich bis dahin kannte, gehandelt hat. Und mit Wehmut im Herzen denke ich daran, welche furchtbaren Wunden dieser bildschönen Stadt geschlagen wurden. -
Vor Jahren erstand ich einmal eine kleine Broschüre von Königsberg, überschrieben mit den Worten "Königsberg einst und jetzt". Zu meiner Freude war ein kleiner Teil des Stadtgebietes Haberberg mit dem unversehrt gebliebenen Haus Habergerger Grund Nr. 4 abgebildet, wo ich von 1936 bis 1938 im ersten Stock wohnte. Die Freude darüber kann

ich nicht beschreiben, die neben der Trauer stand, als ich auf vielen Seiten Fotografien der schwerst verwundeten Stadt sehen mußte.

Ja, die alte, wunderschöne Stadt Königsberg hat mich so in ihren Bann gezogen, daß ich 1938 beabsichtigte, nach Abschluß meines Medizinstudiums in diese Stadt zurückzukehren, um dort die geplante Universitätslaufbahn für das Gebiet der Chirurgie zu beginnen. Der Lehrstuhlinhaber für dieses Gebiet war seiner Zeit Professor Dr. Arthur Läwen, Schüler der Professoren Trendelenburg, Heinrich von Braun und Geheimrat Dr. Payr. Professor Dr. Arthur Läwen wirkte in Königsberg von 1927 bis 1945. 1945 verlor er durch die Katastrophe Ostpreußens seine Klinik und seine Lehrkanzel. Er war der letzte deutsche Ordinarius für Chirurgie an der Universität Königsberg, der Stadt Kants, die nun russisch ist.

Durch die Wirren ab 1939 wurden meine Pläne, die Universitätslaufbahn für das Gebiet der Chirurgie zu beginnen, brutal zerschlagen, und es kam ab 1939 vieles ganz anders, als geplant war.

1938 packte ich in Königsberg meine Koffer und zog in die alte ideale kleine Universitätsstadt Marburg, wo ich im Hause von Dr. Röper, der verstorben war, eine gemütliche Bleibe fand. Marburg war so recht geeignet zum Studieren, und das Studentenleben kennzeichnete diese einstmals so gemütliche und relativ ruhige Stadt.
Ein Semester verbrachte ich mit meinem lieben Bruder Eberhard dort, der auch Medizin studierte (zu meinem großen Leidwesen allerdings mit 23 Jahren dann ein Opfer des schwersten Luftangriffes auf Leipzig am 4.12.43 wurde, wie später noch zu berichten sein wird).
Hier drängt es mich, folgendes einzuflechten: Mein Vater, der 1951 nach der Flucht aus der alten Heimat starb, hatte im Vogtland eine sehr große Anwalts- und Notarkanzlei. Als seine beiden Söhne, mein Bruder Eberhard und ich, das Medizinstudium ergriffen, hat er nicht mit einem Wort versucht, wenigstens einen von seinen Söhnen zu bewegen, die Juristerei zu studieren, um später einmal mit in seine große Kanzlei eintreten zu können. Welcher Vater hätte so ideal und vernünftig gehandelt?
Internistische Propädeutik hörte ich in Marburg bei Professor Dr. Schwenkenbecher, dessen Nachfolger Professor H.E. Bock wurde, Lehrer meines Freundes Gotthard Schettler.
Hervorragende anatomische Vorlesungen genoß ich bei Professor H. Becher. Er war nicht nur ein großer Könner seines Faches, sondern

darüber hinaus ein begnadeter Kunstmaler. In allen Fluren des anatomischen Institutes hingen seine künstlerisch wertvollen Ölgemälde. Was mir besonders auch bei ihm imponierte, war das beidhändige Können bei zeichnerischen Darstellungen an der Tafel, indem er Zeichnungen mit der linken Hand an die Tafel warf und fast gleichzeitig mit der rechten Hand das Gezeichnete beschrieb.
Noch in guter Erinnerung ist mir seine Beschreibung eines Embryos mit den Worten: "Colleginnen und Collegen, sehen Sie den kleinen Embryo, wie er die Ärmchen und Beinchen von sich streckt, genau wie ein kleiner Teddybär."
In seinem Institut hatte ich die Möglichkeit, anatomische Präparate für die Vorlesungen und Ausstellungen anzufertigen, was mir besondere Freude bereitete.

Bei Professor Dr. Bersin hörte ich wertvolle Vorlesungen in der physiologischen Chemie. Der Name des Physiologie-Professors ist mir nicht mehr zugegen. Ich weiß jedoch noch, daß man im letzten Semester vor dem Physikum bei ihm stets in der ersten Sitzreihe Platz nehmen und immer den selben Schlips tragen mußte, was ich auch befolgte.
1939 bestand ich in Marburg mein Physikum, nachdem ich, wie schon geschrieben, 1938 in Königsberg mein Vorphysikum abgelegt hatte.

Marburg ist mir noch in guter Erinnerung durch das Studentenleben auf dem Hause der Landsmannschaft Chattia und durch den intensiven Reitsport, den ich dort zu pflegen die Gelegenheit hatte. Schon in Königsberg hatte ich mit dem Reitsport begonnen. In Marburg erwarb ich dann das Reitersportabzeichen.

1939 verließ ich Marburg mit vielen guten und schönen Erinnerungen, um mein Studium in Leipzig fortzusetzen. Leipzig war eine ganz hervorragende Arbeitsuniversität, die auch kulturell außerordentlich viel zu bieten hatte. Wie auch mein Freund Professor Dr. Schettler in seinen Memoiren schrieb, gehörte die medizinische Fakultät damals zur absoluten Spitze.

Auch ich nenne die Vorlesungen der Pathologen Professor Dr. Hueck und seines Oberarztes Bredt (in meinem Staatsexamen 1942 nach einjährigem Frontdienst im Westen prüfte mich Professor Dr. Hueck ausschließlich über das Gehirn).
Genußreiche Vorlesungen (Innere medizinische Poliklinik) bot Professor Max Hochrein. Mit ihm stand ich noch in den 60er Jahren von

Buxtehude aus in schriftlicher Verbindung, als er im Krankenhaus Ludwigshafen tätig war.
Auch mir war, wie schon Gotthard Schettler, der Internist Professor Max Bürger in guter Erinnerung,äußerlich gekennzeichnet durch eine Dupuytrensche Beugekontraktur des 5. Fingers rechts.
Chirurgische Vorlesungen belegte ich bei Professor Dr. Rieder und seinem Oberarzt und meinem späteren Doktorvater Professor Dr. Übermuth. - An das mündliche Staatsexamen bei Professor Dr. Rieder erinnere ich mich noch sehr gut. Es war auf 22.00 Uhr nachts festgesetzt und "geschmückt" durch Platten mit belegten Broten, und dazu gab es Getränke. - Auch mit Professor Dr. Rieder stand ich in den 60er und 70er Jahren noch in schriftlicher Verbindung, als er in Oldenburg tätig war.

Die wenigen Vorlesungen von Geheimrat Dr. Payr belegte ich natürlich auch. Er hatte in Leipzig außerdem eine Privatklinik. Man erzählte sich hierbei folgendes: Eines Tages kam ein angemeldeter Privatpatient aus der Schweiz. Man vergaß, für ihn ein Einzelzimmer zu reservieren . Um diesen besonderen Patienten unterbringen zu können, mußte ein anderer Patient in ein 3-tägiges Dauerbad gelegt werden (erzählte man!).-
Eine hervorragende Ausbildung wurde mir durch den Gynäkologen Professor Robert Schröder und seinem Oberarzt Dr. Albers zuteil. Eine besondere Freude bereitete uns jeweils der einwöchige Dienst in der Entbindungsabteilung. Wir hatten dort zu wohnen und waren Tag und Nacht im Betrieb. Verpflegt wurden wir zu unserer Freude recht gut und die gereichten Biersuppen waren von besonderer Qualität.

Ich denke noch gern an die orthopädischen Vorlesungen von Professor Dr. Schede, dessen umfangreiche und wertvolle Biographie "Rückbildung und Ausblick"in meinem Bücherschrank steht und die ich mit größtem Interesse studiert habe. Nach dem Krieg war er vielseitig im Krankenhaus Sanderbusch bei Wilhelmshaven tätig.
Auch ich denke an Professor Dr. Groß (Pharmakologe), an den Dermatologen Professor Dr. Spitthoff und an den Ophtalmologen Professor Dr. Jess, bei dem ich wegen einer fieberhaften Sepsis die Prüfung noch mit Ach und Krach bestehen konnte.

Auch in der Prüfung für Psychologie und Psychiatrie hatte ich Schwierigkeiten, nachdem ich noch die ganze Nacht vorher Vorbereitungen getroffen hatte. Ich hatte "ein Brett vor dem Kopf". Meine Rettung verlief folgendermaßen: An meinem Uniformrock trug

ich das Reitersportabzeichen, das dem Prüfer auffiel. So erstreckte sich die Prüfung hauptsächlich auf das Gebiet der Reiterei, und ich war beglückt, daß mich der Prüfer nicht zu einer weiteren Prüfung bestellt hatte, nachdem ich alle Hauptfächer (im ersten Quartal 1942 nach einjähriger Studiumsunterbrechung wegen Frontdienst im Westen) glatt bestanden hatte.
Nicht vergessen darf ich den Pädiater Professor Dr. Catell, dessen Vorlesungen immer ein unübertroffener Hochgenuß waren. Wegen Schwierigkeiten nach dem Krieg studierte er später im Westen noch Cristallogie und legte auf diesem Gebiet noch das Staatsexamen ab. Soviel zunächst über meinen ersten Aufenthalt in Leipzig. Der zweite Teil dazu folgt später.

Ich will nicht versäumen, über den Sinn und Wert der Krankenhausfamulaturen in den Semesterferien zu berichten. Bis auf einige Wochen im Winter, wo ich zumeist mit den Schneeschuhen auf langer Tour war, habe ich alle Semesterferien im Krankenhaus Plauen mit 1100 Betten verbracht. Der Chef der Chirurgischen Klinik war meinen Eltern gut bekannt. Die Folge war, daß ich nahezu alle Ferien als Famulus in seiner Klinik verbrachte. Vorteil war, daß ich im Krankenhaus wohnen durfte, wobei ich rund um die Uhr mit im Einsatz sein mußte (den Verpflegungssatz mußte ich selbst zahlen!).
Der Tag auf der Station begann frühzeitig, da ich für die Station das kleine Labor freiwillig selbst durchführte, um auch diesbezüglich zu lernen. Der Chef der Chirurgischen Klinik hat sich meiner in besonderer Weise angenommen, da ich immer der einzige Famulus in der Abteilung war. Ich durfte fast täglich bei ihm im Operationssaal als zweiter Assistent arbeiten (Hakenhalten!) und so wuchs mir dieses Fachgebiet immer mehr ans Herz, wußte ich ja schon seit Jahren, daß ich einmal Chirurg werden wollte; das scheint "vererbt" zu sein, da meine Mutter mehrere Jahre als Operationsschwester gearbeitet hatte.
Neben der Stations- und Operationstätigkeit durfte ich an den täglichen Röntgenbesprechungen teilnehmen. Die Folge war, daß ich mich bis zum heutigen Tag für das Gebiet der Radiologie sehr interessiere. In meiner späteren Laufbahn habe ich selbst aktiv geröntgt und gelernt, selbsttätig Röntgenaufnahmen anzufertigen und zu beurteilen.
Alles in allem waren die Semesterferien-Famulaturen für mich sehr lehrreich, und ich ging dann stets mit einem erweiterten Wissen in das nächste Semester.

Bei den Famulaturen in den letzten klinischen Semestern wurde jeweils der Pflichtassistent der Station in Urlaub geschickt, so daß meine Aufgaben dort an Umfang zunahmen.
Wenn ich an den Wert der Famulaturen für den Werdegang des Medizinstudiums denke und wenn ich mich erinnere, mit welcher Freude ich diese Monate verlebte, so kann ich nur jedem Medizinstudenten empfehlen, soviel als möglich Semesterferien für derartige lehrreiche Tätigkeiten zu verwenden.
Was man in dieser praktischen Arbeit lernen kann, kommt den Semestererfolgen sehr zugute und damit letztlich auch in gewisser Beziehung dem Erfolg des Staatsexamens. Ich habe selbst uneingeschränkt erlebt, wie durch die Famulaturen die jeweils folgenden Semester in vielerlei Weise befruchtet wurden. Ich denke gern und in Dankbarkeit an diese vielen Monate zurück, die ich in der Chirurgischen Klinik des Stadtkrankenhauses Plauen arbeitend und lernend verleben durfte. Und ich bin dem Chefarzt der Klinik und seinen Oberärzten und Assistenzärzten von Herzen dankbar, daß sie sich wirklich sehr um mich gekümmert haben.
Ich hatte aber auch das Verlangen, soviel als möglich zu lernen, und ich war zumeist den ganzen Tag "zugange", weiß gekleidet, was mir den Spitznamen "weißer Schmetterling" einbrachte. Ja, damals war ich noch so gut auf den Beinen, daß ich beim Treppensteigen zumeist immer 2 bis 3 Stufen auf einmal zurücklegte. Heute wäre das infolge Gonarthrose beiderseits nicht mehr möglich.
So viel zu dem ungemein wichtigen Thema "Famulaturen".

Obwohl mich Wehrbezirkskommando Auerbach, wie ich oben berichtete, bis zum Staatsexamen vom Wehrdienst zurückstellte, wurde ich durch die Kriegsverhältnisse im Januar 1940 nach dem 8. Semester zum Wehrdienst einberufen. In Weißenfels bei Leipzig durchlief ich eine ausgesprochen harte Infanterieausbildung, so wie sie im Hunderttausendmann-Heer üblich war. Obwohl ich zu diesem Zeitpunkt sportlich trainiert war, kroch ich, wie auch meine Stubenkameraden, am Abend schier auf allen Vieren ins Bett, so hatte man uns körperlich geschliffen.
Wenn wir damals auch die Härte der Ausbildung nicht ganz verstehen konnten, heute weiß ich genau, daß diese Ausbildung für den Ernstfall die beste Lebensversicherung war.

Wenn in den vielen vergangenen Jahren junge Männer zu mir in die Sprechstunde kamen, um meine Meinung zu hören, ob sie Dienst mit der Waffe oder Zivildienst absolvieren sollen, haben ich ihnen, wenn ich sie für wehrdiensttauglich hielt, stets geraten, den Dienst mit der Waffe anzutreten, mit der Begründung, daß diese eine gute Lebensversicherung sei, da es im Ernstfall dann nur Kurzausbildungen gibt. Und ich habe selbst erleben müssen, daß so mancher schlecht ausgebildete junge Mann die Kriegswirren nicht überstand; deshalb: Wehrdienst vor Zivildienst bei entsprechender körperlicher Eignung!

Im Mai 1940 zog ich mit der 234. I.D. bei Venlo von Holland und Belgien aus nach Frankreich, zumeist als Kraftfahrer eingesetzt. Bei Kampfeinsätzen zu Fuß hatte ich einen "Engel auf Erden" zu Seite, namens Emil. Dieser gute Kamerad, der bereits den Rest des Ersten Weltkrieges überstanden hatte, sagte mir wörtlich: "Halte dich immer an meiner Seite und mache das, was auch ich tue". Ich tat also, wunderte mich jedoch so manchmal, wenn er sich plötzlich auf den Boden warf. Er hörte erfahrungsgemäß mit seinen geschulten Ohren das Herannahen einer feindlichen Granate, die ich nicht zu hören vermochte.
Emil war mir ein guter und lieber Kamerad, dem ich viel zu verdanken habe. -
Mit der Zivilbevölkerung in Holland, Belgien und Frankreich stand ich stets auf gutem Fuß, da ich die Zivilbevölkerung ja nicht als Feinde betrachten konnte. Es waren Menschen wie ich und trugen, genauso wie ich, keine Schuld an dem unglückseligen Krieg. Welches Gesetz besagt, daß ein Mensch den anderen Menschen zu töten hat, ihn töten darf, wenn doch in der Bibel steht "liebe deinen Nächsten wie dich selbst"?
So bin ich 1940 im Westeinsatz gut über die Runden gekommen und habe sogar meinen 24. Geburtstag in La Rochelle im Kreis meiner Kameraden verleben können.
Im Dezember 1940 wurde ich dann aus der westlichen Besatzungstruppe wieder herausgezogen und verlebte noch einige Wochen im Truppenübungsplatz Grafenwöhr und dann noch eine kurze Zeit in Schnaittenbach, wo ich bei einer rührend netten Familie einquartiert war.

Ab Januar 1941 kam ich dann zu einer Studentenkompanie nach Leipzig, um dort mein Medizinstudium mit dem Staatsexamen zu beenden. Über den Universitätsbereich in Leipzig habe ich ja schon oben ausführlich berichtet.
Mit gesteigerter Intensität ging es dann in das "Abschlußexamen" des Studiums. Im Sommer 1941 begann ich mit systematischer Vorbereitung für das große Staatsexamen. Ich erstellte einen umfangreichen Arbeitsplan und wußte schon 1941, daß ich bis zum Beginn des Staatsexamens mit allen Vorbereitungen fertig sein würde. Das war für

die ganze relativ lange Zeit bis zum Beginn des Examens eine große Beruhigung. Ich habe den Vorbereitungsplan ganz strikte eingehalten, und es gelang mir, zum Examensbeginn mit allen Fachvorbereitungen fertig zu sein.

In der ersten Jahrshälfte 1941 schrieb ich noch meine Dissertation "Über die Appendicitis und ihre Erkenntnis, insbesondere mit Hilfe der rectal-axillaren-Temp.-Differenz". Ich wurde jeweils von der Chirurgischen Universitätsklinik benachrichtigt, wenn ein Patient mit Verdacht auf Appendicitis eingeliefert wurde. Ich nahm die Temperaturmessungen in der Achselhöhle und im Darm vor, bei unklaren Fällen mehrmals im stündlichen Abstand. Erkannte man, daß die Darmtemperatur deutlich schneller stieg als die Temperatur in der Achselhöhle, so war die Laparotomie angezeigt. Betrug schon bei der stationären Aufnahme die axillar-rectale Temp.-Differenz z.B. 1,0 Grad (normal 0,5 Grad), mußte sofort operiert werden und man fand in nahezu jedem Fall eine entzündlich veränderte Appendix. Ich war dank der Unterstützung durch die Chirurgische Universitätsklinik in der Lage, über 250 diesbezügliche Fälle zu untersuchen und als Assistent des Operateurs mitzuoperieren. So entstand meine Dissertation mit folgendem Ergebnis:

1.) Ist bei der stationären Aufnahme bei Verdacht auf Appendicitis die axillar-rectale-Temp.-Differenz über 0,5 Grad (und wenn auch der klinische Bauchbefund auf eine Appendicitis hindeutete), sollte sofort operiert werden.
2.) Ist bei der stationären Aufnahme bei einem "unklaren Abdomen" die axillar-rectale Temp.-Differenz mit 0,5 Grad noch normal, müssen stündliche Temp.-Messungen in der Achselhöhle und im Darm durchgeführt werden. Steigt die Darmtemperatur dann schneller als die Achselhöhlentemperatur, muß wegen Verdacht auf Appendicitis laparotomiert werden, auch wenn die Zahl der weißen Blutkörperchen noch im Rahmen der Norm liegt.!

Diese Untersuchungs- und Beobachtungsmethoden haben sich dann in meiner praktischen und klinischen Tätigkeit sehr bewährt. Man muß sich eben der Mühe unterziehen, bei jedem unklaren Abdomen in der Klinik um den Patienten herumzuschleichen, wie die Katze um den heißen Brei. Im Rahmen einer umfangreichen Allgemeinpraxis ist dies zumeist nicht möglich. Hier wird uneingeschränkt gefordert: Ein unklares Abdomem gehört sofort in eine Chirurgische Klinik.

Man denke auch daran, daß die Appendix das Chamäleon in der Chirurgie ist, da die Lage in so manchem Falle im Abdomen atypisch ist. Ich denke hierbei an drei Fälle (von den ca. mehr als 1000 Appendektominen, die ich später noch operativ behandelte):

1.) Ich wurde als Praktiker zu einem jüngeren Mann gerufen, der kolikartige Schmerzen im linken Bauchraum hatte, ähnlich einer Harnleitersteinkolik. Da die entsprechende Therapie wirkungslos blieb und die axillar-rectale-Temp.-Differenz sich vergrößerte, erfolgte alsbaldige stationäre Einweisung. Die Laparotomie zeigte, daß es sich um eine sehr lange nach links verlagerte Appendix mit deutlicher Entzündung, vor allem an der Appendixspitze, handelte.

2.) Ein junger Mann erkrankte an unklaren Oberbauchschmerzen rechts. Die axillar-rectale Temp.-Differenz veränderte sich nicht. Am zweiten Tag fielen gelbliche Skleren auf. Die dann erfolgte stationäre Einweisung in eine Chirurgische Klinik zeigte eine sehr lange retrocöcal gelegene Appendix, die mit ihrer Spitze in der Nähe der Flexura coli dextra lag, so daß fast das gesamte Colon ascendens abgelöst werden mußte, um die Appendix einschließlich Appendixspitze unversehrt entfernen zu können.

3.) Ein Mann mittleren Alter wurde wegen kolikartiger Mittelbauchschmerzen bei normaler axillar-rectaler-Temp.-Differenz eingewiesen. Man mußte anfänglich an ein Krankheitsbild der Bauchspeicheldrüse denken. Da jedoch alle diesbezüglichen Untersuchungsergebnisse normal waren, wurde vorsichtshalber laparotomiert. Man fand eine nach oben und in der Mitte hochgelegene hoch akut entzündlich veränderte Appendix, die erfolgreich operiert werden konnte.

Man sieht daraus: Die Appendix ist das Chamäleon in der Bauchchirurgie. Zwingend notwendig ist also die stationäre Einweisung des Patienten mit einem unklaren Abdomen, um kein Risiko einzugehen. Das wäre also das Ergebnis meiner Dissertation. Die Vorbereitungen dafür haben mir eine ausgesprochene Freude bereitet, und ich rückte gezielt mehr und mehr hin zum Fachgebiet der Chirurgie.
Meinem verehrten Doktorvater Professor Übermuth danke ich sehr für die freundliche Unterstützung und Beratung anläßlich dieser Arbeit.

Nach abgeschlossener lückenloser Vorbereitung ging es dann in die mehr als 10 Examensfächer. Das Examenssemester ist mein schönstes Semester gewesen, da ich ein ausgesprochener Examensmensch zu sein glaube. Mit den großen Fächern wurde begonnen und alle sind erfolgreich verlaufen.

Mit den kleineren Fächern wurde dann das große medizinische Staatsexamen beendet. Allerdings ging ich in die letzten drei Fächer und in das mündliche Doktorexamen (bei Professor Dr. Catell) an zwei Krücken, derweilen ich mir bei sportlicher Betätigung im linken Kniegelenk den Innenmeniscus verletzt hatte. Die Folge war, daß das linke Kniegelenk in einer Beugestellung fixiert war, aufgrund dessen ich mich nur mit Hilfe der Krücken vorwärtsbewegen konnte. Ich lernte in Leipzig 1941 übrigens meine spätere Frau kennen, die mich lieb pflegte und unterstützte.

Nach Abschluß des gesamten Examens, einschließlich der Erlangung des Grades eines Doktors der Medizin, begab ich mich zur Behandlung meiner Knieverletzung in das Krankenhaus St. Georg in Leipzig, wo ich mehrere Monate stationär lag. Als ich das Bett verlassen durfte, machte ich mich im Operationssaal nützlich und durfte lange den dortigen Chirurgen assistieren. Auch in dieser Zeit konnte ich viel auf dem Gebiet der Chirurgie profitieren, und Herrn Professor Dr. Heller bin ich dafür zu ganz besonderem Dank verpflichtet.

Nach Entlassung aus dem Krankenhaus wurde ich als g.v.H. mit der Betreuung des chirurgischen Reservelazarettes Mutschmannschule in Plauen betraut, wo ich unter der Leitung eines in Plauen ansässigen Chirurgen, der in Plauen eine Privatklinik unterhielt, tätig war.
Anschließend übernahm ich zu meiner Freude die Leitung des Teillazarettes in Grünbach bei meiner Heimat Falkenstein, wo ich die Nachbehandlung von teilweise schwer Kriegsbeschädigten übernahm und dabei die physikalische Therapie (unter anderem die Kneippschen Behandlungsweisen) in den Vordergrund stellte. Auf diesem Fachgebiet konnte ich durch die vielen Kriegsbeschädigten umfangreiche Kenntnisse sammeln. - Nebenbei entwickelte ich einen Ersatz verlorengegangener Finger, den ich unter Umgehung des Generalarztes direkt beim Patentamt in Berlin anmeldete mit der Untersützung des Patentanwaltes Dr. Nietzelnadel in Leipzig.
Die Direktanmeldung beim Patentamt unter Umgehung des Dienstweges brachte mir große Schwierigkeiten ein, und ich wurde in Kürze an die Front versetzt. Und zwar kam ich zuerst in die erste Sanitätskompanie

der 104. Jägerdivision nach Jugoslawien, die im Sommer 1943 nach Agrinion (Südwest-Griechenland) verlegt wurde.
In der Zwischenzeit hatte ich mich jedoch als Truppenarzt bei einer Gebirgsartillerieabteilung gemeldet und war mit dieser Abteilung zu Pferd von Lamia bis zum Golf von Korinth marschiert. Dieser Marsch ab Lamia in sommerlicher Hitze über das Gebirge bis zum Golf von Korinth war kräftezehrend, und wir verloren auf diesem Gewaltmarsch ca. 40 Pferde. Da mir als Truppenarzt neben einem Pferd noch ein 750er BMW-Gespann zur Verfügung stand, benutzte ich diese fabelhafte Maschine des öfteren. Am Golf von Korinth angekommen, fuhr mir ein deutscher Personenkraftwagen in die Seite meines Motorrades und ich erlitt eine schwere Unterschenkelquetschung links mit ausgedehnten subperiostalem Haematom. Aufgrund dieser Verletzung lag ich 6 Wochen in Messalongion und Agrinion (Südwestgriechenland) im Lazarett und wurde dann zur Nachrichtenabteilung der 104. Jägerdivision (dessen Kommandeur General von Ludwiger 1944 auf dem Rückmarsch von Griechenland in Jugoslawien von Partisanen gehängt wurde) versetzt mit Sitz in Agrinion, wo ich eine Ortskrankenstube mit 100 Betten errichtete. Da die Gegend um Messalongion und Agrinion ein ausgesprochenes Malariagebiet war, behandelte ich ca. 1000 Malariakranke, wo mir nur 3 Patienten an Malaria tropica verstarben. -
Neben Malariaerkrankungen lagen in der Ortskrankenstube viele Patienten mit Durchfallerkrankungen, weswegen ich eine Diätküche einrichten ließ und vor allem die Köche aller Truppenteile anwies, dem Essen reichlich Kochsalz zuzusetzen.
Außerdem ermahnte ich die Truppenteile, den Durst nur mit heißem Tee zu stillen; denn wenn man in heißen Ländern anfängt, kalte Getränke zu sich zu nehmen, kann man mit dem Trinken nicht aufhören, und es kommt dann zu üblen Durchfallserkrankungen.
Der Ort Agrinion ist ja die heißeste Stadt von Europa und hat ein schlechteres Klima als zum Beispiel Alexandria. Agrinion war früher einmal englische Strafkolonie, und in Messalongion ist Lord Byron als begeisterter Philhellene wohl an Malaria gestorben. Auch in Agrinion hatte ich wieder einmal einen Schutzengel besonderer Art. Ich bekam von der Division den Auftrag, am folgenden Tag mit dem Flugzeug (Storch) ins Gebirge zu fliegen, um einen verwundeten Soldaten zu bergen. Ich setzte mich sogleich telefonisch mit dem Piloten in Verbindung und bat ihn, mich am kommenden Morgen telefonisch zu benachrichtigen, wann der Flug ins Gebirge stattfinden soll. Als ich am nächsten Morgen bis 9.00 Uhr keine telefonische Meldung erhielt, versuchte ich mit meinen zwei Telefonen (ein Feldtelefon und ein

Ortswahltelefon) den Piloten zu erreichen. Dabei mußte ich feststellen, daß über Nacht meine beiden Telefone eine Störung bekamen, so daß ich den Flugplatz nicht erreichen konnte. Als ich dann am Abend gegen 18.00 Uhr zum Flugplatz fuhr, um auch meine tägliche Post dort abzugeben, teilte mir die Mannschaft mit, daß der Storch nicht zurückgekommen sei. Am nächsten Tag startete ein Suchflugzeug und fand den Storch, auf dem Rücken liegend und ausgebrannt, vor. Der Pilot war ums Leben gekommen. Wären die beiden Telefone in meinem Dienstzimmer nicht defekt gewesen, würde ich diese Berichte nicht zu Papier bringen können.
Denke ich an die gesamte Kriegszeit zurück, muß ich dankbar feststellen, daß ich viele Schutzengel gehabt habe.

Ein schweres Unglück überschattete meine Eltern und mich im Dezember 1943. Ich war für einen Kurzurlaub in Leipzig und mein Bruder Eberhard setzte in Leipzig sein Medizinstudium fort, nachdem er im Osten mehrere Granatsplitterverletzungen erlitten hatte. Er gehörte in Leipzig einer Studentenkompanie an, die in einem Hotel untergebracht war. Am Abend des 3.12.43 saßen mein Bruder, meine zukünftige Frau und ich bis gegen 23.00 Uhr gemütlich zusammen und verabschiedeten uns dann. Gegen 4.00 Uhr des 4.12.43 wurde Leipzig das Opfer eines schweren feindlichen Fliegerangriffes, derweilen die schwere Flak gerade an diesem Tag nach Berlin abgezogen war. Das die Studentenkompanie beherbergende Hotel wurde schwer getroffen, und im angrenzenden Gebäude explodierte noch zusätzlich ein großes Zündholzlager. Mein Bruder und 10 weitere Studenten konnten sich nicht mehr ins Freie retten und verbrannten total. Am nächsten Morgen konnte ich die Leiche meines Bruders nur noch am Gebiß identifizieren.
Die Nachricht meinen Eltern zu überbringen war wohl die schwerste und traurigste Aufgabe für mich im ganzen Kriegsverlauf.

Nach Agrinion zurückgekehrt, lag dort für mich die Versetzung als Adjutant des Korpsarztes des 22. Gebirgskorps, das unter der Leitung des kommandierenden Generals der Gebirgstruppen Hubert Lanz stand (der Korpsstab lag in Joanina). Diese Tätigkeit war für mich sehr interessant, zumal ich nach relativ kurzer Zeit die Funktion meines verstorbenen Korpsartzes übernehmen mußte. Die Tätigkeit im Rahmen des Korpsstabes war für mich nicht ganz einfach, zumal ich der Jüngste des ganzen Stabes war. General Lanz machte mir die mir zustehende Arbeit leicht, und es dauerte nicht lange, und ich durfte mich als Freund des Generals bezeichnen. Und diese Freundschaft bestand viele Jahre über

das Kriegsende hinaus, bis er am 12.5.82 in die große Armee abberufen wurde. Bis dahin trafen sich alle alten Kameraden des Korpsstabes jedes Jahr irgendwo für einige Tage. Nach seinem Ableben 1982 trafen sich dann die immer weniger werdenden Mannen weiterhin jedes Jahr, zuletzt im Jahre 1992 im Taunus. Als "Benjamin" im Korpsstab war es meine Aufgabe, die noch lebenden Korpsstabsanghörigen zusammenzu- halten. Diese Aufgabe ist nunmehr beendet und die übriggebliebenen Kameraden verbleiben in lockerer Verbindung in Form von Telefonaten, Briefen und kurzer gegenseitiger Besuche. (Erwähnen muß ich noch die Überschrifte der Biographie über General Lanz, die vom amerikanischen Historiker Professor Charles B. Burdick verfaßt wurde. Er überschrieb das Buch "Furchtlos und treu".)
Soviel sei über General Lanz geschrieben, der mich im Oktober 1944 in Form einer Ferntrauung mit meiner jetzigen Frau traute. Es war für mich eine unvergeßliche Feier.

Vergessen darf ich nicht, zu berichten, daß mein General wünschte, daß ich auch kranke Griechen ärztlich zu betreuen hätte. Dieser Aufgabe bin ich gern nachgekommen, und ich hatte dadurch ein besonderes gutes Verhältnis zur Bevölkerung in Joanina und Umgebung.

Im Herbst 1994 setzte sich das 22. Gebirgskorps nach Norden ab, und in Skopie schickte mich General Lanz in meinen verdienten Hochzeitsurlaub, wo meine Frau und ich noch nachträglich kirchlich getraut wurden. Mein alter Gesangslehrer Studienrat Paul Bernhard spielte zu dieser kirchlichen Feier die Orgel. Dieser Tag war natürlich durch den so frühen Tod meines erst 23-jährigen Bruders sehr überschattet.

Sehr bald mußte ich die Rückreise zu meiner Einheit (Korpsstabs des XXII. Gebirgskorps) antreten und nach einer Irrfahrt (Graz-Klagenfurt-Wien-Agram und Marburg an der Drau) meldete ich mich mit einer 14-tägigen Verspätung in Ungarn bei meinem General zurück. Er empfing mich mit den Worten: "Was, bist Du schon da?".
In Ungarn, westlich vom Plattensee, wartete viel Arbeit auf mich, derweilen ich neben der ärztlichen Truppenbetreuung auch reichlich Zivilbevölkerung in mehreren Dörfern betreute. In diesem Rahmen gab es auch reichlich Geburtshilfe, und ich war sehr bald bei der Bevölkerung in weiter Umgebung bekannt. Und ich war genötigt, viele Einladungen zum Mittagessen anzunehmen, die stets sehr reichlich ausfielen, so daß ich bald ein nicht zu übersehendes Übergewicht hatte. Die Zeit in Ungarn war für mich schön.

Mein General brachte sich jedoch fast in ein großes Unglück, indem er vor versammelten Einheiten folgende Worte ausrief: "Kameraden, der Krieg ist verloren! Ich wünsche keine unsinnigen Einsätze mehr. Mein Ziel ist es, alle meine getreuen Soldaten gesund nach Hause zu bringen." Ja, er war furchtlos und treu; denn aufgrund dieser Ansprache hätte er damals (1945) gemäß Befehl von oben von jedem Soldaten erschossen werden können.

Unter seiner bewundernswerten Strategie führte uns General Lanz von Ungarn aus durch Österreich und über den Tauernpaß nach Flachau, wo wir uns den Amerikanern ergaben. General Lanz ist es zu verdanken, daß wir nicht von den Amerikanern an die Russen übergeben wurden. Nach einem nicht unbequemen Gefangenenlagerleben in der Nähe von Weilheim wurde ich Ende Juni 1945 per Lastwagen mit vielen anderen Kameraden bis in meine Heimatstadt fast bis vor die Haustüre gefahren, wo ich von meinen Lieben freudig empfangen wurde. Damit war dieses Kapitel für mich abgeschlossen, und das Leben mußte weitergehen.

Ich bemühte mich sofort um eine geeignete ärztliche Tätigkeit und hatte das große Glück, in einem Nachbarort meiner Heimatstadt (Ellefeld/Vogtland) eine freigewordene Artzpraxis übernehmen zu können. Die Ortschaft hatte über 6000 Einwohner mit einem großen Hinterland, so daß ich nicht übertreibe, wenn ich sage, daß ich für ca. 10000 Seelen als einziger Arzt tätig wurde.
Nun hieß es organisieren und anpacken, und am 8.7.45 konnte die Praxis eröffnet werden. Sie war anfänglich räumlich sehr bescheiden. Das Wartezimmer war sehr klein, und das Sprechzimmer war nicht wesentlich größer. Für den Anfang reichte es. Aber mit zunehmender Patientenzahl mußte die Praxis räumlich vergrößert werden zu Lasten der Größe meiner Privatwohnung. So geschah es, daß meine Wohnung nach und nach ein Zimmer nach dem anderen hergeben mußte, bis ich in zwei Sprechzimmern Beratungen und Untersuchungen durchführen konnte und ein großes, mehrfach unterteiltes, Zimmer wurde dazu auserwählt, gleichzeitig mehrere Patienten mit Wundbehandlungen oder Injektionen versorgen zu können.
Um dies in immer mehr zunehmender Patientenzahl durchführen zu können, war folgendes erforderlich:

1.) Ich mußte mich um mehrere Sprechstundenhilfen bemühen, und hinzu kam eine gelernte Krankenschwester, die mich in den Wundbehandlungen und Injektionen unterstützte und für die

Sterilisation der Instrumente und Spritzen mit Kanülen (es gab ja damals noch keine Einwegspritzen und Einwegkanülen) sorgte. Sie war von früh bis in die späten Abendstunden hinein tätig.

2.) Um die immer stärker anwachsende Praxis bewältigen zu können, mußte ich schon 1945 eine exakte Terminpraxis führen. Dazu mußten die vielen Patienten erzogen werden. Die Praxis verlief folgendermaßen: Um eine bestimmte Uhrzeit erschienen die Männerverbände, dann zu einer bestimmten Uhrzeit die Frauenverbände. Genauso lief die Behandlung in Form von Injektionen. Gleichzeitig lief meine Sprechstunde für Beratungen und Untersuchungen in den beiden Sprechzimmern.

Auf diese Art der Praxisführung war es möglich, pro Tag sehr viele Patienten zu beraten und zu behandeln, ohne daß die Patienten längere Zeit warten mußten, derweilen ja auch mein Wartezimmer der kleinste Raum in der Praxis war.

Sechs Tage in der Woche liefen folgendermaßen ab:

Um 6.00 Uhr wurden Laboruntersuchungen (kleines Labor) durchgeführt. Anschließend lief die Terminpraxis, wie oben beschrieben, völlig reibungslos und ohne Gedränge und ohne Hetze. Ohne strengste Organisation wäre dies nicht möglich gewesen, da täglich 100 Patienten und mehr zu versorgen waren und die Zahl von Jahr zu Jahr zunahm.

Um mich gleichzeitig auf möglichst vielen Gebieten fortzubilden, überwies ich Patienten zu mir bekannten Fachärzten und erbat ihre für mich ausreichenden Berichte. So war gleichzeitig meinen Patienten und mir geholfen.

Die Vormittagssprechstunde erstreckte sich zumeist bis 13.00 Uhr oder länger. Nach einem mageren Mittagsessen ging es dann auf die Hausbesuchstour.

Zum Essen sei gesagt: Meine Familie und ich haben nach dem Krieg jahrelang systematisch hungern müssen. Ich habe durch das Hungern bei Tag und Nacht in den ersten 9 Monaten 45 Pfund an Körpergewicht abgenommen.

Ich erinnere mich, daß ich eines Tages zu Fuß (!) auf der Hausbesuchstour war. Ich befand mich in der Wohnung meines Patienten S., der gerade seinen Kachelofen in Betrieb genommen hatte. Plötzlich bekam ich ein Schwindelgefühl und ein Sausen im Kopf,so daß ich den Hausbesuch nach kurzer Zeit abbrach und mich auf den Weg zu einem anderen Patienten begab, nachdem ich Herrn S. riet, den Ofen noch einmal zu öffnen. Der Schwächezustand ließ jedoch nicht nach, und ich konnte mich in die Wohnung eines anderen Patienten retten, dessen Speisekammer immer gut gefüllt war. Dort mußte ich mich wegen der Schwindelerscheinungen mit Schwächezuständen auf das Sofa legen. Der Patient erkannte meinen Zustand und reichte mir alsbald zwei dick mit Butter und Wurst belegte Brote, die ich wohl gierig in mich hineingeschlungen habe. Nach diesem Hochgenuß ging es mir spontan besser und ich konnte meine Hausbesuchstour zu Fuß fortsetzen, nachdem ich den akuten Hungerzustand überwunden hatte.
Mehr will ich darüber nicht berichten. Das würde zu weit führen.
Es kann nur noch gesagt werden: Wir arbeiteten fleißig bei Tag und bei Nacht weiter und hatten nur Hungerrationen zu essen.

Auf Hausbesuche legte ich als Hausarzt den allergrößten Wert; denn die Hausbesuche sind für die Patienten und den Arzt besonders wichtig, und die Kranken hatten damals, und auch bis heute noch, rechtlichen Anspruch auf Hausbesuche. Im Rahmen des Hausbesuches lernte ich auch die Umgebung des Wohnhauses und die Wohnung selbst kennen und konnte in manch einem Fall Rückschlüsse ziehen zwischen Krankheit und Wohnstätte.

Fieberhafte Patienten gehören ins Bett und nicht in das ärztliche Wartezimmer, zumal man in den Nachkriegsjahren niemals wissen konnte, wodurch es bei einem Patienten zum fieberhaften Zustand gekommen war.
Damals waren Diphtherie und Scharlach und andere Infektionskrankheiten an der Tagesordnung. Bat ein Patient telefonisch um Behandlung in der Sprechstunde, wurde immer sofort gefragt, ob Fieber besteht. Wurde das bejaht, wurde dem Patienten gesagt, daß er Bettruhe einhalten soll und der Hausbesuch wurde angekündigt. Wie hätte auch ein fieberhafter Mensch in die Praxis kommen können, wo doch in dieser Zeit nur wenige Menschen ein Auto besaßen und öffentliche Verkehrsmittel nicht vorhanden waren. Einen Krankenwagen zu bekommen war damals schier ein Ding der Unmöglichkeit, genauso wie es keine Taxen gab.

Ich wollte einmal einen Schwerkranken (Infektionsfall) in das einzige benachbarte Krankenhaus transportieren lassen und setzte mich diesbezüglich telefonisch mit dem Landratsamt in Verbindung. Der Landrat persönlich sagte mir barsch, wir sollten unsere Kranken gefälligst auf der Schubkarre ins Krankenhaus bringen! So schwer machte man uns damals unsere an sich schon schwere Arbeit, die wir Tag und Nacht zu verrichten hatten.

Ich habe oben bereits geschrieben, daß ich als alleiniger Arzt ca. 10.000 Menschen zu betreuen hatte, die natürlich sehr weiträumig angesiedelt waren. In der ersten Zeit meiner Tätigkeit benutzte ich für die Wegstrecken ein geliehenes Fahrrad, welches von der Besatzungsmacht eine besondere Nummer tragen mußte. Im Winter fuhr ich die Strecken mit Schneeschuhen ab. Damit ich die Schneeschuhe nicht immer mit in die Häuser nehmen mußte, begleitete mich ein Nachbarjunge, der auf meine Schneeschuhe aufpassen mußte, während ich den Hausbesuch durchführte. Bei weit zurückliegenden Strecken wurde ich von einem der Landwirte im Kutschwagen gefahren, was in den Nachtstunden mit großen Schwierigkeiten verbunden war.

Ich war glücklich, als ich das Auto meines Vorgängers mieten durfte, und es war mir dadurch möglich, die notwendige Anzahl an Hausbesuchen zu erledigen. Da das für mich benachbarte zuständige Krankenhaus nur Infektionsfälle aufnehmen konnte, mußten alle, auch schwere Erkrankungen, in häuslicher Pflege behandelt werden.
Schwere Lungen- und Rippenfellentzündungen mußten zumeist zwei bis dreimal täglich besucht werden und das mit einer zur Verfügung stehenden Benzinmenge von 20 bis 30 Litern im Monat. Die Benzinmenge, die darüberhinaus dringend benötigt wurde, um alle Kranken zu betreuen, mußte in der Handelsorganisation gekauft werden, wo der Liter 10,-- DM kostete. Da die Zahl der Hausbesuche von Monat zu Monat stieg, war die Hausbesuchstätigkeit ein Zusatzgeschäft, da von der Krankenkasse für einen Hausbesuch nur DM 1,-- bezahlt wurde (für eine Beratung in der Sprechstunde zahlte man -,50 DM).
Wenn ich oben von schweren Lungen- und Rippenfellentzündungen berichtete, wie sollten diese Fälle behandelt werden, wo es keine wirksamen Medikamente für diese massiven Erkrankungen gab?
Ich erinnerte mich an meine Studentenzeit, wo ich dem Organ Haut einen ganz besonderen Wert zuordnete. Ich hatte ja in mein Collegheft geschrieben: "Man versuche, so viel Krankenheiten als möglich auf die Haut abzuleiten". Und so kam ich auf den Gedanken, die Haut über den

Brustorganen mit Sauerteigpackungen zu reizen und damit Tiefenerkrankungen auf die Haut abzuleiten. Der Sauerteig mußte verwendet werden, wenn er auf dem Höhepunkt seiner Triebkraft stand.
Dank der unermüdlichen Mitarbeit der Gemeindeschwester Else war ich in der Lage, die vielen derartigen Erkrankungen behandeln zu können. So sind wir dazu übergegangen, die Patienten im Brustbereich in einen Sauerteigwickel, wobei der Sauerteig, wie gesagt, auf dem Höhepunkt seiner Triebkraft zu sein hatte, einzupacken. Der Patient mußte in dieser Packung 2 bis 3 Stunden liegen, und zumeist war es dann die Gemeindeschwester Else, die den Patienten aus der Packung herausnahm. Wenn ich den Patienten dann nachuntersuchte, konnte ich in fast allen Fällen feststellen, daß der entzündliche Lungen- und Rippenfellprozeß tatsächlich auf die Haut abgeleitet worden war.
Interessant und beweisend war einmal: Versehentlich wurde ein Patient über 5 Stunden in der Sauerteigpackung belassen. Die Folge war, daß die Haut um den Thorax über und über mit mehr oder weniger großen Blasen bedeckt war. Das war der schlagende Beweis dafür, daß durch die Sauerteigpackung die Haut derart gereizt wurde, daß der entzündliche Tiefenprozeß wirkungsvoll auf das Organ Haut abgeleitet worden war.
Sehr gut erinnere ich mich an ein kleines Kind, das mit einer schweren Lungenentzündung darniederlag. Auch dieses Kind wurde in Sauerteig eingepackt und für 1 bis 2 Stunden wurde das Bettchen auf den Balkon gestellt. Ich sehe heute noch, wie es auf das Bettchen schneite, da das Kind in der Winterzeit erkrankte. Zu meiner Freude half auch hier die Sauerteigpackung und das niedliche Kind wurde gesund.

Glücklicherweise fand sich ein mir bekannter Bäckermeister bereit, für mich und für derart gelagerte Fälle immer 10 Portionen Sauerteig auf dem Höhepunkt der Triebkraft vorrätig zu haben; denn es handelte sich ja zumeist nicht nur um *einen* Fall von Lungen-und Rippenfellentzündung, zumeist war eine Vielzahl derartiger Fälle zu behandeln.
Noch heute sage ich der unermüdlich mithelfenden Gemeindeschwester Else meinen herzlichen Dank; denn ohne ihre Hilfe hätte ich die Vielzahl der Fälle nicht kunstgerecht behandeln können. Sicherlich wird sie nicht mehr am Leben sein. Ich gedenke ihrer in Dankbarkeit und Ehrfurcht; denn wo findet man heute noch derart helfende Hände, die Tag und Nacht zur Verfügung stehen und keinen 8-Stunden-Tag kennen.

Die Zahl der Hausbesuche stieg zeitweilig derart an, daß ich diese Tätigkeit ohne einen Kraftfahrer nicht mehr zu schaffen in der Lage war. Ich fand einen prächtigen ehemaligen Sanitätssoldaten (einen sogenannten Zwölfender), der auch Tag und Nacht für mich zur Stelle war. Ich brauchte im Winter bei schwach gewordener Autobatterie den Wagen nicht mehr anzuschieben und Herr Zöllner, so hieß der prächtige Mann, kümmerte sich um alles und half sogar mit in der Praxis. Er hatte zum Beispiel gelernt, kunstgerecht Gipsverbände bei Unterarmfrakturen usw. anzulegen. Leider habe ich diesen treuen Menschen aus den Augen verloren, wenngleich ich ihm mehrmals schrieb.

Ich denke heute noch daran, wie oft ich zu Mittag beim kargen Mahl saß, als Herr Zöllner bereits mit dem Wagen auf mich wartete, und sein Hupen unterbrach oft das Essen. Die Anzahl der Hausbesuche stieg derartig an, daß wir oftmals erst nachts nach Mitternacht wieder nach Hause kamen. Herr Zöllner hatte einen großen Schlüsselbund für die Wohnungen vieler Patienten, die auch wußten, daß ich sie erst in den Nachtstunden besuchen kommen konnte.

Darüber hinaus verging dann kaum einmal eine Nacht, wo man mich nicht aus den Federn holte. Zurückgekehrt und an der Küchentür mit knurrendem Magen angekommen, fragte ich mich dann, ob es möglich sei, eine Scheibe trockenes Brot essen zu dürfen. Zumeist unterließ ich das; denn ich hätte ein schlechtes Gewissen gehabt, meiner Familie eine Scheibe trockenes Brot weggenommen zu haben. So ging ich mit hungerndem Magen wieder ins Bett, um dann um 6.00 Uhr wieder in der Praxis zu sein.

Mit Grauen denke ich an eine schwere Virusgrippeepidemie im Herbst und Winter 1947/48. Ungezählte Patienten, die nicht im Krankenhaus aufgenommen werden konnten, lagen hochfieberhaft zu Hause mit schweren Lungenentzündungen und in vielen Fällen mit Encephalo-Myelo-Meningitis. Ich eilte mit einer meiner Sprechstundenhilfe und mit meiner Frau von Krankenbett zu Krankenbett und bei vielen Patienten, die infolge Liquor-Überdruck rasende Kopfschmerzen hatten, war ich gezwungen, in den häuslichen Verhältnissen im Bett eine Lumbalpunktion vorzunehmen, um den Patienten die Schmerzen zu lindern. Unglücklicherweise infizierte sich bei diesen Aufgaben meine junge, bildhübsche Sprechstundenhilfe, die wiederum ihre beiden Eltern infizierte. Die grausame Folge war dann, daß meine tüchtige erste Sprechstundenhilfe und ihre Mutter zu gleicher Stunde starben, und der Vater bekam, infektionsbedingt, eine Schüttellähmung. Glücklicherweise blieb der Bruder meiner Sprechstundenhilfe, der in meiner Praxis zu dieser Zeit famulierte, verschont (von ihm hatte ich zu Beginn meiner

Praxis ein Fahrrad geliehen bekommen, um Hausbesuche machen zu können). Auch dieser tüchtigen und freundlichen Mitarbeiterin gedenke ich an dieser Stelle in Dankbarkeit. Ihr Bild hing bis zu meinem Weggang aus der Praxis im Büro.
Nachdem meine Frau und ich die beiden Frauen mit beerdigt hatten, fuhren wir erschüttert und erschöpft nach Hause und legten uns beide vor körperlicher und nervöser Erschöpfung auf den Teppich, wo wir wohl eine ganze Stunde verharrten. Und doch mußte es weitergehen und wir mußten miterleben, wie ein Patient nach dem anderen rettungslos verloren war.

Ein Fall ist mir noch in Erinnerung: ein an dieser furchtbaren Krankheit (im Volksmund wurde sie als Lungenpest bezeichnet) verstorbener Mann in mittleren Jahren wurde unter anderem von einer Nachbarin und von seinem Vater, der extra aus Glauchau angereist war, gepflegt. Auch diese Nachbarin und der Vater wurden von dieser epidemischen schweren Krankheit befallen. Sie starben wenige Tage nach dem Patienten.

Die Praxis war in der Zwischenzeit so umfangreich geworden, daß ich neben einer großen Privatklientel bei den Kassen zumeist ca. 3000 Kassenscheine im Quartal abrechnete, die nicht abgerechneten Scheine gar nicht gezählt. Wer kann sich heute noch vorstellen, daß es Zeiten nach dem unseligen Krieg gab, wo die Kassen für eine Beratung -,50 DM und für einen Hausbesuch 1.-- DM zahlten, später dann pro Kassenschein zwischen 6.-- DM und 7.-- DM, ganz gleich, wie umfangreich man für einen Patienten tätig geworden war.

Da ich chirurgisch bereits vorgebildet war, war es an mir, in der Allgemeinpraxis die gesamte kleine Chirurgie durchzuführen, unterstützt durch meine Vollschwester Gertrud und meine Frau. Es handelte sich zumeist um mehr oder weniger schwer infizierte Handverletzungen, Panaritium mit oder ohne Sehnenscheidentzündung und mit oder ohne Knochenbefall. Da es zu jenen Zeiten wenig Brennmaterial gab, sprengten die Männer Baumstümpfe aus der Erde und zerkleinerten sie mit verschiedenen Werkzeugen.
Dabei kam es zu Handverletzungen, die dann in reichlicher Anzahl infizierten. Diese Patienten wurden zu einer bestimmten Stunde gegen Abend bestellt, begleitet von Angehörigen, die mit einem Handwagen erschienen, gepolstert mit Kissen und Decken. So geschah es oftmals, daß an einem Abend 5 und mehr Handwagen im Hof vor meiner Praxis standen. Die Patienten wurden in Chlor-Aethyl-Aether-Narkose oder

Evipan-Narkose, die meine Frau durchführte (bei Evipan-Narkose wurde streng darauf geachtet, daß der Unterkiefer nach vorn geschoben wurde, um keine tödlichen Komplikationen zu erleiden), von mir operiert und anschließend in einen Nebenraum zum Ausschlafen gebracht. Nachdem sie aus der Narkose erwachten, wurden sie von ihren Angehörigen im Handwagen nach Hause gefahren (man stelle sich das heute einmal vor!). Diese Handoperierten erschienen dann bis zur gänzlichen Abheilung zum täglichen Handbad in meiner Praxis. Für diese Handbäder hatte ich von einem Klempner geeignete Handbäderwännchen herstellen lassen und es saßen dann zumeist mehrere Operierte gleichzeitig an einem längeren Tisch in einem besonderen Raum. Auch für diese Patienten galt die Einhaltung der Terminpraxis.
An einen besonderen Fall erinnere ich mich noch deutlich: Eine Schneiderin hatte sich beim Schneiden des blaugefärbten Stoffes in den 5. Finger der linken Hand gestochen. Kurze Zeit später entstand eine derart ausgedehnte Infektion, welche die Absetzung des ganzen Fingers unter Mitwegnahme des Mittelhandknochens erforderlich machte, um die Hand erhalten zu können und ein Übergreifen auf den Unterarm auszuschließen.

Da ich gerade beim Operieren bin, berichte ich über folgenden Fall: Eines Nachts wurde ich von unserer Ortshebamme in eine Wohnung gerufen, wo eine Frau soeben entbunden hatte. Sie erlitt dabei einen Dammriß 3. Grades. Dieser große Dammriß mußte sofort chirurgisch behandelt werden. Die Wöchnerin wurde wegen Stromsperre beim Schein einer Petroleumlampe und einiger Kerzen, also bei offenem Feuer, auf einen Tisch gelegt. Zwei Nachbarinnen hielten die Beine in Spreizstellung, während meine Frau die Evipan-Narkose durchführte, während eine andere Hilfe den Unterkiefer der Wöchnerin exakt nach vorn hielt, wie das bei Evipan-Narkosen dringend erforderlich ist, um einen tödlichen Narkosezwischenfall zu vermeiden. Mir fiel es dann nicht schwer, den ausgedehnten Dammriß kunstgerecht chirurgisch zu versorgen, der dann auch komplikationslos ausheilte (wo gibt es das heutzutage noch in dieser Art und Weise?).

An einen weiteren prekären Fall erinnere ich mich noch: Es wurde ein Mann mit einem Kniegelenksempym in die Praxis gebracht, den man von einem Krankenhaus zu mir zurücküberwies mit der Bitte um Übernahme der Behandlung. Ich eröffnete das Kniegelenk von beiden Seiten ausreichend und legte eine Spül-und Saug-Drainage an, wobei ich die von mir abgewandelte Chlumskische Lösung (wie unten noch zu beschreiben sein wird) mit verwendet habe. Diese Peru-Phenol-Campher-Lösung habe ich sogar später bei der Operation von perforierten Wurmfortsätzen mit beginnender Peritonitis neben Peritonitisserum in die Bauchhöhle eingegeben, angewendet. Glücklicherweise konnte ich das Kniegelenk retten und beweglich erhalten.

Noch einmal will ich auf meine getreuen Mitarbeiter, sechs an der Zahl, zu sprechen kommen. Sie lebten nur für ihre Arbeit in meiner Praxis und waren von 6.00 Uhr morgens teilweise bis in die Nachtstunden tätig. Ihnen gebührt in diesem Rahmen mein uneingeschränkter und herzlicher Dank und meine Anerkennung. Meine Hauptsprechstundenhilfe und meine Krankenschwester sind schon vor Jahren gestorben. Ihnen gedenke ich in Ehrfurcht und Bewunderung. Da die zu zahlenden Personaltarife damals sehr niedrig waren und kaum zum Leben reichten, zahlte ich allen meinen Mitarbeitern den doppelten Tarif. Als ich dies beim Finanzamt geltend machen wollte, wurde mir mitgeteilt, daß nur der einfache Tarif abzusetzen sei. So bezahlte ich alle meine Mitarbeiter noch einmal aus der eigenen Tasche und bin selbst finanziell trotz härtester Arbeit zu nichts gekommen.

Um allen meinen Mitarbeitern jedes Jahr einen Zentner Kartoffeln spenden zu können, bat ich einen Bauern um Unterstützung. Mir wurde von dem liebenswürdigen Bauern jedoch gesagt, daß ich in der Dunkelheit allerdings nicht mit dem Wagen vorfahren dürfe. So blieb mir nichts anderes übrig, als die Kartoffeln Zentner für Zentner mit dem Handwagen heimzukarren, angezogen wie ein Bauer mit Schirmmütze und alter Kleidung. So hatten meine lieben Helfer wenigstens jeder einen Zentner Kartoffeln (pro Zentner zahlte ich 100.-- DM). Aber meine getreuen Helfer, die Tag und Nacht für mich zur Stelle waren, mußten ja wenigstens zusätzlich Ernährung haben.

Mir persönlich stand vom Landkreis die sogenannte Intelligenzlebensmittelkarte zu, die ich aber ablehnte mit den Worten, daß ich sie erst dann dankend annehme, wenn auch die gesamte Bevölkerung in dieser Weise ernährungsmäßig versorgt würden. So hungerte ich eben weiter; denn zu den sogenannten Hamsterfahrten hatte ich beim besten Willen keine Zeit. Ab und zu brachten Bekannte von ihren Hamsterfahrten etwas für meine Familie mit, wozu ich ihnen Textilien, Feuersteine usw. mitgegeben hatte. Aber trotz und allem, es reichte hinten und vorne nicht.

Drei unangenehme Aufgaben wurden mir von der Besatzungsmacht übertragen:

1.) Untersuchung aller Frauen des Ortes auf Geschlechtskrankheiten. Diese Aufgabe erledigte ich in Menschenwürde und Menschlichkeit, ohne Klagen von irgendeiner Seite gehört zu haben (anläßlich dieser aufgetragenen Untersuchung mußte jede Frau für die Untersuchungen einen Eßlöffel mitbringen!!).

2.) Untersuchung aller Männer auf Bergbautauglichkeit (für die Wismut AG.). Auch hier ging ich mit viel Diplomatie vor, ließ mir von jedem Mann alle Krankheiten in der Familie und eigene überstandene Krankheiten mitteilen. Konnte ich nicht viel in Erfahrung bringen, schickte ich den betreffenden Mann noch einmal ins Wartezimmer, damit er sich an eventuell durchgemachte Krankheiten noch erinnern sollte. Auf diese Art und Weise war die von mir festgestellte Zahl an bergbautauglichen Männern verschwindend klein. Ich wußte ja um die Gefahren der Tätigkeit bei der WismutAG., konnte jedoch den "Befehl" der Besatzungsmacht nicht ablehnen.

3.) Ein Gastwirt wurde von einem Angehörigen der Besatzungsmacht erschossen und ich wurde beauftragt, die Leichenschau durchzuführen und ein Protokoll zu schreiben. Mein erhobener Befund lautete: Kleine Einschußwunde im vorderen Brustbereich, große Ausschußwunde im Rücken. Somit mußte der Mann von vorn erschossen worden sein. Wenige Tage später erschienen bei mir mehrere "hohe Tiere" und forderten mich freundlich auf, meinen Bericht dahingehend zu ändern, daß eine kleine Einschußwunde im hinteren Thoraxbereich und eine größere Ausschußwunde im vorderen Abschnitt bestand. Damit sollte bewiesen werden, daß der Mann von hinten auf der Flucht erschossen worden sei. Obwohl mir das unerträglich gegen meine ärztliche Ehre ging, kam ich dem Verlangen der "hohen Tiere" nach; denn der Gastwirt hätte sowieso nicht wieder lebendig gemacht werden können, und ich wäre höchstwahrscheinlich auf Nimmerwiedersehen verschwunden.

Eines nachts gegen Mitternacht wurde gewaltig mit Gewehren gegen die Haustüre geschlagen. Ich zog meine weiße Kleidung an. Dann verschloß ich das Schlafzimmer, wo sich meine Frau aufhielt, und ließ drei Besatzungsmitglieder in das Sprechzimmer eintreten. Dort saßen sie dann bis gegen 5.00 Uhr, ohne ein Wort gesprochen zu haben, und wortlos verließen sie dann auch wieder die Praxis. Ich war dankbar, daß dieser Vorfall in dieser Form verlief. Das waren also einige von den unschönen Erlebnissen in den Jahren 1945 bis 1950.

Mit einer Fruchtverwertungsfirma erforschten wir die günstige Wirkung der edlen Eberesche für medizinische Zwecke. Die edle Eberesche wurde im Vakuum in verschiedene Konsistenzen gebracht: dickflüssig, oelig, sirupähnlich, salbenähnlich und marmeladenähnlich. Die salbenähnliche Konsistenz ließ ich vom Apotheker, mit dem ich zusammenarbeitete, als Salbengrundlage verwenden. Diese Salbengrundlage wirkt auf die Haut aktiv, das heißt, die Hautporen und Gefäße aufschließend und erweiternd. Wir beobachteten, daß man dieser aktiven fruchtigen Salbengrundlage wesentlich weniger Wirkstoffe hinzufügen mußte, als das zum Beispiel bei Lanettewachs oder Vaseline als Salbengrundlage (Vehikel) der Fall war. Salben oder Emulsionen verschiedenster Art ließ ich mir daraufhin für meine Praxis vom Apotheker meines Ortes jeweils mit dieser aktiven Salbengrundlage anfertigen.

1956 ließ ich diese Salbengrundlage in Marmeladenform im Forschungsinstitut für Mikrobiologie und Hygiene in Bad Elster untersuchen. In diesem Institut wurde festgestellt, daß auf den Platten mit 1 : 10 - Salbe kein Keim wuchs (Staphylococcus, Streptococcus pyogenes, Proteus, Bact. coli, Bact. typhi, Bact. mesentericus, Bact. subtilis, Bact. Pyocynaeum). Bei den Verwendungen 1 : 100 wuchsen nur Streptokokken, während der Proteus und die Typhusbakterien am Wachstum gehemmt wurden. Die Verdünnung 1 : 1000 war ohne jedwede bakterizide Wirkung. Die mit den verschiedenen Keimen beimpften Platten wurden nach Art des "Strichtestes" mit der Salbengrundlage bestrichen. Im Bouillon-Röhrchen, das mit 1 ccm der Salbengrundlage in Verdünnung 1 : 10 versetzt war, ist eine Hemmung des Wachstums der oben beschriebenen Erreger nachzuweisen.

<u>Zusammenfassend wurde gesagt:</u>

1.) Die Salbengrundlage (in Marmeladenform) bewirkt im Strichtest eine Hemmzone von ca. 1 cm Breite.
2.) Im Bouillon-Röhrchen ist nur eine Verdünnung von 1 : 10 wirksam.
3.) Wird Agar mit den verschiedenen Verdünnungen der Salbengrundlage versetzt, so läßt sich eine eindeutige bakterizide Wirkung nur bei einer Verdünnung von 1 : 10 feststellen.

Neben all den oben beschriebenen Aufgaben hatte ich als Nebentätigkeiten meiner Praxis auftraggemäß zu erledigen:

1. Mütterberatung.
2. Überprüfung aller Lebensmittelgeschäfte auf hygienisch einwandfreie Verhältnisse.
3. Überprüfung aller Lokale auf hygienisch einwandfreie Verhältnisse.
4. Schularzt für über 600 Kinder.
5. Betriebsarzt in einer Maschinenfabrik.
6. Impfarzt für den gesamten Ort (mit Hilfe meines gesamten Personals und meiner Frau gelang es mir, in der Zeitspanne von 14.00 bis 19.00 Uhr mehr als 2000 Typhusimpfungen durchzuführen). 7. Als Hobby assistierte ich meinem Freund und Gynäkologen Dr. Schulze, Falkenstein, in seiner Privatklinik bei großen gynäkologischen Operationen.

Dieser Arbeitsbelastung hielt ich gesundheitlich und körperlich bis 1950 stand. Dann erkrankte ich kreislaufmäßig und im Sinne der Beriberi-Krankheit infolge gravierender Unterernährung. Damit endete eine arbeitsmäßig schwere, aber lehrreiche und erfreuliche Tätigkeit als Arzt.

Nach einem langen Krankenlager verließ ich mit meiner Frau und meiner kleinen Tochter, geboren 1946 schweren Herzens die in harter Arbeit aufgebaute umfangreiche Praxis, um dann endlich in den Klinikbetrieb in Bad Elster einzusteigen. Ich hatte mir 1945 sowieso vorgenommen, nach einer fünfjährigen Tätigkeit in einer allgemeinärztlichen Praxis in die klinische Tätigkeit umzuwechseln, da ja nach wie vor der Chirurgie meine ganze Leidenschaft gehörte.
Ich wurde in der Klinik in Bad Elster freundlich aufgenommen,wo mich ein großes Arbeitsgebiet erwartete. Diese schöne Klinik, ein weißes Haus am Berg, hatte 220 Betten, davon 85 Betten Chirurgie und 55 Betten für Innere Medizin. In einem zweiten Haus, im Ort gelegen, war die gynäkologische Abteilung mit 56 Betten untergebracht, und im Nachbarhaus befand sich die schöne geburtshilfliche Abteilung mit 25 Betten. Ich selbst bewohnte mit meiner Familie unweit des Krankenhauses ein schönes Einfamilienhaus mit 6 Zimmern, wo wir uns sehr wohl gefühlt haben.
In dieser gut geleiteten chirurgisch-gynäkologisch-geburtshilflichen Klinik erlangte ich eine umfangreiche Ausbildung auf dem gesamten Gebiet der Chirurgie. Neben der Allgemeinchirurgie lernte ich in diesem Haus noch folgende Gebiete beherrschen: Die gesamte Bauchchirurgie, Urologie,

eine umfangreiche Unfall- und Wiederherstellungschirurgie, plastische Chirurgie, dringende Neurochirurgie, Bandscheibenchirurgie, gynäkologische Operationen und Geburtshilfe, einschließlich operativer Geburtshilfe.
Viele Kriegsverstümmelte waren operativ zu behandeln. Dabei bedienten wir uns in vielen Fällen und vielfach der Cutisplastik nach Rehn, auf die ich unten noch zu sprechen komme.

Wenn ich glaubte, in der Klinik ein bequemeres Dasein zu haben, im Vergleich zur Allgemeinpraxis, wie oben beschrieben, so täuschte ich mich sehr; da wir die gesamte Klinik eine lange Zeit zu viert betreuten, war ein 15 bis 18-Stunden-Tag keine Seltenheit. Dank der unermüdlichen Mitarbeit der Schwesternschaft (Zehlendorfer Diakonissen) und der 2 bis 3 fleißigen und geschickten Pflegern war es uns Ärzten möglich, die massiv anfallende Arbeit zu bewältigen.

Ich berichte über einen Arbeitstag: Ab 6.00 bis 7.00 Uhr in der Frühe wurde die erste Visite durchgeführt, die zumeist in Form einer Verbands-Visite (natürlich mit behandschuhten Händen und nur mit Instrumenten) durchgeführt wurde, an die sich das umfangreiche Operationsprogramm anschloß, das zumeist bis in die Mittagszeit in Anspruch nahm.
Nach dem Mittagessen und einem kurzen Mittagsschlaf, der unerläßlich war zur Erhaltung der physischen und psychischen Kräfte, wurde in der gynäkologischen und Geburtshilflichen Klinik die Visite abgehalten, bis ein Gynäkologe zu uns stieß, der dann die gesamte Gynäkologie und Geburtshilfe in eigene Regie übernahm und uns wesentlich entlastete.
Der Nachmittag war ausgefüllt mit Sprechstunde in der Klinik und in einem Nachbarort, mit Röntgenuntersuchungen, und oftmals mußte gegen Abend nochmals dieser oder jener dringende chirurgische Fall operiert werden. Der Tag wurde abgeschlossen in Form der Abendvisite, die für die Patienten noch wertvoller war, als die Frühvisite, da ja doch eben kranke Menschen immer eine gewisse Angst vor der Nacht haben. Dies war zumeist der Tagesablauf in der Klinik und unsere treuen Schwestern waren tagtäglich von frühzeitig bis in die Nachtstunden mit im Dienst.

Nach der Abendvisite war sehr oft der Tag für uns Ärzte und für die Sekretärinnen nicht beendet; denn es mußten die Abschlußarztberichte für die am nächsten Tag zu entlassenden Patienten diktiert und geschrieben werden. Auch diese unsere fleißigen Sekretärinnen, die nicht

auf den 8-Stunden-Tag pochten, muß in Anerkennung und Dankbarkeit gedacht werden.
Spät am Abend, zumeist in der frühen Nacht, konnte ich den Heimweg antreten, und es ist in der Tat so, daß mich mein kleines Kind oft tagelang nicht zu Gesicht bekam. Wenn das kleine Mädchen früh noch schlief, ging ich bereits aus dem Haus, und wenn ich abends nach getaner Arbeit nach Hause kam, schlief sie schon wieder.
Drei Wochen im Monat war für mich am Abend das Tagewerk noch nicht abgeschlossen, da der Nachtdienst für chirurgische und gynäkologische (geburtshilfliche) Fälle anstand.

Wie viele Nächte verbrachte ich stundenlang im Krankenhaus und am Operationstisch und der nächste Tag begann immer zur üblichen Zeit zwischen 6.00 und 7.00 Uhr (ohne daß Überstunden und Nachtdienststunden auch nur mit einem Pfennig zusätzlich bezahlt wurden). Auch an Sonnabenden wurde selbstverständlich bis in die frühen Nachmittagsstunden hinein gearbeitet.

Am Sonntagvormittag ging ich nicht in die Kirche. Mein Kirchgang bestand in einer ausgedehnten Sonntagvormittagkrankenvisite, die meine Patienten als sehr wertvoll empfanden und auch ich hatte meinen Gottesdienst in dieser Form gehalten. Was ist schöner, als sich um Kranke und Leidende in Liebe zu kümmern. Liebe zum Menschen ist eine der wichtigsten Voraussetzung, um ein guter Arzt zu sein, der volle Befriedigung und Erfüllung in seinem beruflichen Tun findet.

Auch in der Klinik wurde verfahren, wie ich es von meinen Universitätslehrern gelernt hatte. Kam ein Patient zur stationären Aufnahme, wurde er sofort ärztlich in Empfang genommen und die fünf Sinne des Arztes traten in Aktion. Außerdem wurde die gesamte Familienanamnese und die eigene Krankengeschichte erfragt und der Patient mußte detalliert über seine jetzigen Beschwerden berichten. Erst dann erfolgte die eingehende körperliche Untersuchung durch den Arzt und danach wurden weitere erforderliche Untersuchungen im Labor und in der Röntgenabteilung durchgeführt. Bei Erkrankungen im Bauchraum war die axilla-rectale Temp.-Messung obligat, und so manche Wurmfortsatzentzündung konnte dadurch sofort einwandfrei erkannt und operativ behandelt werden.
In dieser Reihenfolge waren Befragung und Untersuchung durchzuführen und, wie schon gesagt, müssen die fünf Sinne des Arztes bei der Untersuchung auch eine große Rolle spielen. Es wurde nicht mit

Laboruntersuchungen und Röntgenaufnahmen begonnen. Das Pferd wurde nicht vom Schwanz her aufgesattelt, sondern der neu aufgenommene Patient wurde, wie oben beschrieben, zunächst ausführlich befragt und *danach* körperlich eingehend untersucht. Erst dann wurden die noch erforderlichen Untersuchungen angeschlossen. Auch dadurch konnte dem Krankenhaus so manche Mark erspart werden (wie das heute auch von Minister Seehofer mit Recht gefordert wird). Das sollte Allgemeingut in medizinischen Einrichtungen sein im Interesse des Patienten und im Interesse des Geldgebers für diese Institutionen.

In meiner Tätigkeit als universell ausgebildeter Chirurg hielt ich einmal einen Vortrag mit der Thematik "Warum in die Ferne schweifen, sieh, das Gute liegt so nah; denn die Natur hat dem Menschen so viel "Ersatzmaterial" mit in die Wiege gelegt, so daß man in vielen Situationen auf Fremdmaterial verzichten kann."
So waren wir leidenschaftliche Verfechter der Cutisplastiken. Das Organ Haut kann, sorgfältig präpariert, in so vielen Fällen und in so mancher Form in der Chirurgie angebracht werden. Dabei wurde strengstens nach den Regeln von Rehn vorgegangen. Wie beispielsweise im folgenden Fall:

Eine Patientin mit einem Schienbeinspiralbruch wurde eingeliefert. Normalerweise wurde diese Spiral-Längsfraktur nach kunstgerechter Reposition, falls erforderlich, durch eine oder mehrere Drahtumschlingungen fixiert. Wir entnahmen aus der Außenseite des Oberschenkels einen schnürsenkelähnlichen Hautstreifen, der nach Präparation der Außenseite und Innenseite zirkulär um die Spiralfraktur gelegt wurde. So enstand eine muffähnliche Fixierung der Fraktur, wobei jede Umschlingung mit der benachbarten Umschlingung durch Catgutnaht miteinander fixiert wurde.
Vorteil des Vorgehens war, daß die Cutisumschlingung die Fraktur fest fixierte, nicht hart einschneidend auf dem Periost liegt und somit die Periostdurchblutung nicht gestört wurde. Die Folge ist eine ungestörte und schnellere Durchbauung der Fraktur und außerdem brauchte das eingebrachte Hautmaterial nicht wieder entfernt zu werden. Natürlich wurden in unserer Klinik Frakturen auch osteosynthetisch nach der AO-Methode behandelt, zumeist mit Laneschen Schienen verschiedener Länge oder mit Marknagel nach Küntscher.
Bei den Marknagelungen nach Küntscher erlitt ich einen schweren Verlust, indem der junge Patient nach zwei Stunden glatt verlaufender

Operation einer Fettembolie erlag. Das ist ein Nackenschlag, den ein Nichtarzt wohl nicht empfinden kann.
Weitere Verfahren der Cutisplastik nach Rehn:

a) Behandlung der habituellen Schulterluxation. Es wird ein Cutisstreifen aus der Schulterregion präpariert und am Ansatz in der Hautdecke belassen. Dieser Cutisstreifen wird dann um den Oberarmkopf geschlungen und am Rabenschnabelfortsatz fixiert. Dadurch werden weitere Luxationen verhindert.

b) Bei Leistenbruchoperationen, wo sehr dünne Fascienverhältnisse bestanden, wurde sicherheitshalber zur Verhütung eines Bruchrezidiv ein aus der Nähe des Operationsfeldes entnommener Cutislappen aufgenäht. So entstand eine feste postoperative Vernarbung.

c) Bei älteren Menschen mit schlaffem Afterschließmuskel und unwillkürlichem Kotabgang wurde aus der Nähe des Afters ein Cutisstreifen isoliert, der in der Hautdecke an einem Ende fixiert blieb. Dieser Cutisstreifen wurde dann ringförmig in den Afterschließmuskel eingeführt und am Cutisstreifenausgang fixiert. Um den Afterausgang nicht zu eng zu gestalten, wurde einige Tage ein Hegarstift eingelegt. So gelang es zumeist, die Afterschließmuskelinsuffizienz wenigstens vorübergehend zu beheben, beziehungsweise zu bessern.

d) Ähnlich wie unter Punkt c) kann auch bei der weiblichen Harnblasenausgangsinsuffizienz mit unwillkürlichem Harnabgang verfahren werden.

e) Bei einem älteren Menschen erlebte ich bei einer Unterbauchoperation trotz kunstgerechter postoperativer Vernähung der Bauchdecken einen totalen Platzbauch mit Vorfall der Eingeweide. Es wurde eine Sekundärnaht mit Einlegung eines ausreichend breiten Cutisstreifen zur Bauchdeckenverstärkung durchgeführt, wodurch man feste Bauchdeckenverhältnisse erreichte

Über Cutisplastiken könnte ich noch eine Vielzahl von Fällen berichten, was aber zu weit führen würde.

Dafür berichte ich noch kurz über die Hautrollappen, die zumeist im Schultergürtelbereich oder im Bereich der Bauchhaut angelegt wurden. Diese Cutisrollappen ließ man nach Erreichung einer guten

Durchblutung vom Ausgangsort nach und nach zum Zielort wandern (zum Beispiel zur plastischen Benandlung der Nase und Ohren und großer Weichteilverletzungen im Bereich des Gesichtes).
Die Rollappen aus dem Bauchdeckenbereich ließ man in Etappen bis in die Fußregion wandern zur plastischen Deckung ausgedehnter Fußweichteilverletzungen. Auch für Deckung großer Weichteilverletzungen im Bereich des Unterarmes und der Hand waren Rollappen aus dem Bauchdeckenbereich geeignet (wenn man nicht die Muffplastik vorzog).

Diese Behandlungen waren immer sehr langwierig, da man die Rollappen zumeist etappenweise bis zum Zielort wandern lassen mußte und dies stets bei bester Durchblutung des Cutisrollappens.
Heute benutzt man als Ersatz bei schweren Schädeltraumen mit ausgedehnter Verletzung der Hirnhäute körperfremdes Material. In mehreren Fällen von schweren Schädelverletzungen mit Zerreißung der Hirnhäute habe ich kein körperfremdes Material benutzt. Ich nahm ein ausreichend großes Stück aus der Fascia lata des Oberschenkels und brachte dieses in den Hirnhautdefekt ein, und zwar zirkuskuppelartig nach oben fixiert, um unnötige Verklebungen mit der Hirnmasse zu vermeiden.
Bei Schädelknochendefektverletzungen, zum Beispiel im Stirnbereich, setzten wir auch kein Fremdmaterial ein, sondern entnahmen Teile von Rippen, um daraus, beziehungsweise damit,eine sogenannte Knochengitterplastik herzustellen.

Zur Behandlung mehr oder weniger großer Unterschenkelgeschwüre (Ulcera crures): Bislang wurden diese Defekte zumeist mit dünnen oberflächlichen Hautstreifen gedeckt, die aber zumeist nicht belastungsfähig waren und somit im Rahmen eines Ulcusrezidiv wieder abgestoßen wurden.
Ich ging folgendermaßen vor: Nach Umschneidung des Ulcus bis auf die Muskelfascie wurde das mehr oder weniger große Wundgebiet mit Mullappen, die mit Eigenblutserum getränkt waren, bis zur vollständigen "Reinigung" behandelt. Danach wurde das gesamte Wundgebiet mit lückenlos beieinander liegenden Reverdinläppchen, aus dem Oberschenkel entnommen, gedeckt.
Die Wundheilung wurde dann offen gestaltet, indem man das gesamte Wundgebiet mit physiologischer Kochsalzlösung, ganz langsam auftropfend, behandelte. Die Reverdinläppchen heilten zumeist gut ein und hinterließen eine belastungsfähige und nicht leicht zu verletzende, mehr oder weniger derbe Narbe. Ich kann mich entsinnen, daß ich zwei

Patienten, die extra aus Leipzig zu uns in die Klinik kamen, so erfolgreich behandeln konnte. Ich erinnere mich zudem, daß die Hautklinik des Allgemeinen Krankenhauses Hamburg-Heidberg vor wenigen Jahren eine ähnliche Behandlungsweise veröffentlichte.

Wie oben schon beschrieben, benutzte ich die von mir abgewandelte Chlumskische Lösung zur Behandlung eitriger großer Wunden, tunnelartiger Wunden infolge Durchschüssen und Höhlenwunden.Die Chlumskische Lösung setzte sich normalerweise folgendermaßen zusammen:

Rp.

Champhora trit. 60,0
Phenol. crist. 30,0
Alk. abs. 10.0

Um diese Lösung für längere Zeit in das Wundgebiet einbringen zu können, habe ich, um weitere Gewebeschädigungen zu vermeiden, die Chlumskimsche Lösung dahingehend abgewandelt, indem ich nur 15,0 Phenol. crist. beließ und 15,0 durch Perubalsam ersetzte. Mit dieser Wundbehandlungslösung, die ich Peru-Phenol-Champher-Lösung bezeichnete

Rp.

Bals. peruv. 15,0
Phenol. crist. 15,0
Camphor. trit. 60,0
Alk. abs. 10,0

kann ich seit 1942 (auch im Rahmen der ehemaligen deutschen Wehrmacht zu Kriegszeiten) bis jetzt nur über ausgezeichnete Erfolge berichten. Eine schädigende Wirkung des Phenols in der oben beschriebenen Verwendung konnte ich in keinem Fall beobachten. Die 15,0 Phenol. crist. werden sicherlich durch die 15,0 Peru-Balsam und 60,0 camphora trit. derart gepuffert, daß wohl die antibactericide Wirkung erhalten bleibt, daß aber das Phenol keinerlei gewebeschädigende Wirkungen auszuüben in der Lage ist. Ich habe seit 1942 in nicht primär geschlossene Bauchhöhlen (mit Drainage), zum Beispiel bei starker Eiterabsonderung nach Appendicitis perforata Peru-Phenol-Campher-Lösung direkt in die Bauchhöhle gegeben (später kombiniert mit Peritonitisserum). Neben der sehr angenehmen Desodorisierung beobachtete man schnelle Ausheilung des Bauchhöhlenprozeßes. Ich kann mir vorstellen, daß diese Wirkung ähnlich ist, wie die beim Chloronitrin.

Als in Kriegszeiten Perubalsam Mangelware wurde, habe ich diesen ersetzt durch das Wecustanöl der Firma Wecusta, welches gleichzeitig noch Vitamin A, D und F enthält, also alles Vitamine, die in der Wundbehandlung sich außerordentlich günstig auswirken (auch nach Lauber). Ich habe also die 15,0 Perubalsam meiner Peru-Phenol-Champher-Lösung ersetzt durch Wecustanöl und glaubte, ähnlich gute Wirkung zu beobachten wie mit der Peru-Phenol-Campher-Lösung selbst.

Da ich gerade bei der operativen Tätigkeit angelangt bin, berichte ich über die kombinierte Peritonitisserum und Penicillinbehandlung der Appendicitis perforata (erschienen auch im "Deutschen Gesundheitswesen", Heft 11 1954). Unter weit mehr als 1000 Appendektomien wurden relativ viele gangränöse oder bereits perforierte Wurmfortsätze gefunden. Bei derart gelagerten Fällen behandelten wir nach Entfernung des Wurmfortsatzes mit intraabdominal eingegebenem Peritonitisserum neben Penicillin i.m.
Im Forschungsinstitut für Mikrobiologie und Hygiene in Bad Elster (Obermedizinalrat Dr. Fischer) wurde folgendes beobachtet: Das Peritonitisserum erweist sich unverdünnt und in einer Konzentration von 1:2 im Reagenzglas als außerordentlich bactericid wirksam. Einsaaten von etwa 5 Milliarden Colibakterien im ccm starben binnen 18 Stunden restlos ab, bzw. gingen zum allergrößten Teil zugrunde. Die örtliche Applikation in das Operationsgebiet der entfernten perforierten oder knapp vor dem Durchbruch stehenden Appendix dürfte entsprechend den Versuchergebnissen in vitro in hohem Maße die Masseninvasion der Keime des Wurmfortsatzinhaltes abdämmen, es sei denn, daß sie von dem eingebrachten Peritonitisserum nicht mehr erreicht werden. Das in die Muskulatur und intravenös injizierte Peritonitisserum vermag nur die im Blut kreisenden Toxine abzufangen, kaum aber die im Exsudat vorhandenen. Es war in den 50er Jahren meiner dortigen Tätigkeit die Penicillininjektion in hohen Dosen, kombiniert mit Eingeben von Peritonitisserum in die Bauchhöhle zur Verhütung einer drohenden Peritonitis unter allen Umständen indiziert. Es werden zwar vom

Penicillin weniger die Colikeime erfaßt als die klassischen Eitererreger und die pathogenen Anaerobier (Bac. perfringes welchi). Es wurde auf die bemerkenswerten Operationsergebnisse hingewiesen, die nicht zuletzt der kombinierten Peritonitisserum-Penicillin-Behandlung zu danken sind. Die Sterblichkeit, auf die Gesamtzahl der vielen Wurmfortsatzentfernungen bezogen, ist wahrlich gering (0,9%). Die Letalität im Verhältnis zu den 38 schweren und schwersten Fällen mit 5,2% liegt unter der von den meisten Autoren mitgeteilten (1954).

Ich mache einen kurzen Sprung in die Geburtshilfe. Ich konnte in wenigen Fällen folgendes beobachten: In diesen Fällen kam der Geburtsvorgang zum Stoppen, da der Kopf des Kindes auf die Symphyse "aufbrummte" und so der Entbindungsvorgang nicht vorangehen konnte. Durch geringe der Mutter injizierte Morphiumdosen kam es zum Stillstand der Gebärmutterkontraktionen, wodurch dann der Kopf des Kindes in den Geburtskanal neu regelrecht eingestellt werden konnte, so daß der Geburtsvorgang dann normal verlaufen konnte.

Wenn ich nun gerade bei der Geburtshilfe angelangt bin, so stellte ich fest, daß die Schnittentbindung für Mutter und Kind die schonendste Entbindung ist. Ich habe mich gefühlsmäßig immer rechtzeitig zur Schnittentbindung entschlossen und bei relativ vielen Schnittentbindungen erfreulicherweise immer eine lebende Mutter und ein lebendes Kind gehabt. Unbedingte Indikation zur Schnittentbindung ist unter anderem die Steißlage.
Ich habe die Schnittentbindung immer als sehr erfreuliche und befriedigende Operation empfunden, vor allem wenn man vorher im Laufe des Tages als Chirurg einen sogenannten Nackenschlag bekommen hatte.

Über drei Fälle mit tödlichem Ausgang will ich hier berichten, die mich als Nackenschlag trafen:

1.) Ich operierte eine Oberschenkelfraktur nach Küntscher (Nagelung). Die Operation verlief völlig glatt. Nachdem der Patient 2 Stunden im Bett lag, starb er an einer Fettembolie.

2.) Nachts wurde ein junger Mann eingeliefert, der von einer MP-Salve in die linke Oberbauchseite getroffen wurde. Die sofortige ganz großzügige Eröffnung des Leibes ergab neben einer Zerfetzung der Milz, eine über 10 cm große Eröffnung des Magens (voll Inhalt nach gerade eingenommener reichlicher Mahlzeit), eine ausgedehnte Verletzung des medialen Leberlappens und eine pfennigstückgroße Verletzung des Zwerchfelles links. Nach totaler Milzentfernung, Verschluß der Magenverletzung und Teilresektion der Leber wurde dann noch die kleine Zwerchfellwunde kunstgerecht verschlossen. Der Patient hat den großen Eingriff erfreulicherweise bestens überstanden (22.00 Uhr nachts) und war auch noch am nächsten Morgen in guter Verfassung bei normalen Kreislaufverhältnissen. Plötzlich starb er unter der Symptomatik eines Herzinfarktes. Die Sektion ergab, daß ein Geschoß den Herzbeutel durchschlagen hatte mit unklarer Verletzung der Herzmuskelwandung.

3.) Es wurde wieder ein junger Mann eingeliefert, der ebenfalls durch eine MP-Geschoß-Serie eine ausgedehnte Verletzung der Halswirbelsäule ab dem 1. Halswirbelkörper erlitt bei sicherlich Mitverletzung der Medulla oblongata. Die mehrfach frakturierte Halswirbelsäule wurde kunstgerecht in einen Streckverband gebracht und eine Tracheotomie wurde nötig. Am nächsten Morgen verstarb der Patient an Herz-und Kreislaufversagen.

4.) In der zweiten Nachthälfte, gegen 4.00 Uhr (es war Sommer), wurde ein junger Mann eingeliefert, der beim Übersteigen eines Eisenstangenzaunes abrutschte. Dabei drang ihm eine lange Metallzaunspitze in die linke Leistengegend und drang hoch bis zur Milz, die zerfetzt wurde. Auf dem Weg dahin kam es zu vielen Dickdarm-und Dünndarmperforationen. Die Milz wurde entfernt und alle erkennbaren Darmverletzungen wurden kunstgerecht verschlossen. Während der Operation gab es Stromsperre. Da keine Notbeleuchtung vorhanden war, wurde der Operationstisch ans Fenster geschoben, und da bereits Tageslicht vorhanden war, konnte ich die Operation beenden. Die Schwere der Verletzung hatte postoperativ den Tod zur Folge.

Da ich oben schrieb, daß es während der Operation zur Stromsperre kam, will ich noch über folgenden Fall berichten: Ich operierte bei einer schwangeren Frau mit Eklampsie, indem ich das Kind per Schnittentbindung zur Welt brachte.

Auch in diesem Fall kam es bei gerade geöffnetem Leib zum Stromausfall. Mittels Taschenlampenbeleuchtung gelang es, die Operation erfolgreich zum Abschluß zu bringen.

Über einen Fall besonderer Art will ich noch berichten: Eines Tages wurde mir eine Frau mit einer geplatzten Eileiterschwangerschaft eingeliefert. Die Frau erschien völlig ausgeblutet. Da sie und ihr Mann jedoch Zeugen Jehovas waren, verbot mir der Ehemann jedwede Fremdblutinfusion. So eröffnete ich den Leib über Gebühr weit und entnahm nach Abtragung des geplatzten Eileiters mit einem "Schöpflöffel" das Blut aus dem Bauchraum, um es dann in eine Infusionsbirne zu geben, mit Natrium citricum versehen, der Patientin wieder zu infundieren und die Frau damit zu retten. Auf diese Weise bekam die in Lebensgefahr schwebende Frau dann ihr eigenes Blut als Organ reinfundiert.
Vor kurzer Zeit erfuhr ich von einem Leiter der Zeugen Jehovas folgenden haarsträubenden Bericht: Wenn einem Zeugen Jehovas Blut entnommen wird für eine enventuelle Reinfusion, so darf das *jetzt* nicht mehr geschehen. Der Glaube dieser Menschen verbietet es, daß das eigene Blut, welches den Körper verlassen hat, zum Beispiel durch Entnahme, nicht mehr in den Körper reinfundiert werden darf. Für mich unglaublich und unverständlich!

Da ich unter Fall 1 bis 4 über Todesfälle berichtete, drängt es mich, über die Problematik des menschenwürdigen Sterbens zu schreiben. Dazu gehört in jedem Fall die Sterbehilfe und die Begleitung des Sterbenden hinüber in das ewige Leben. Diese Sterbehilfe ist genauso wichtig, wertvoll und dankbar, wie es die Geburtshilfe ist. Im Rahmen der Geburtshilfe helfen wir der Mutter, das neue Leben in diese Welt zu bringen. Die Sterbehilfe, Sterbebegleitung befaßt sich mit dem selben ehemals jungen Leben, nur jetzt eben im Vorgang des Vergehens, des irdischen Verlöschens, des Überganges in einen neuen Daseinsabschnitt außerhalb des Kosmos und außerhalb unseres Verstehens.

Wie vielen vergehenden Menschen durfte ich bei ihrem Scheiden aus diesem Leben beistehen und ich war in jedem Falle feierlich berührt und ergriffen, wenn das Leben, wenn die Seele die Materie Mensch verließ, und in vielen Fällen konnte ich auf dem Gesicht des Heimgegangenen eine Verklärung, ja oftmals ein Lächeln beobachten. Macht man sich Gedanken um diese beiden Stationen, Geburt und Ableben, muß man zwangsläufig nachdenklich werden, und so manche Frage von allergrößter Beudeutung taucht auf. Erlebt man die Geburt eines Kindes, dann ist dieser Vorgang stets begleitet mit dem mehr oder weniger kräftigen Schrei des Neugeborenen, als wenn dieses Menschlein seinen Unwillen darüber zum Ausdruck bringen will, in dieses mit Mühsal

beladene Erdendasein hineingeboren worden zu sein. Beobachtet man hingegen einen Sterbenden, dem man hilft, ohne Schmerz und ohne Angst dieses Leben abzuschließen, dann erlebt man, wie ich oben schon schrieb, in so manchem Fall, daß sich das Gesicht des Erlösten beim Übergang von diesem Leben in das andere Leben (?) verklärte und oftmals ein Lächeln auf den Zügen des Anlitzes erscheint. Man könnte glauben, daß dieser Mensch beim Abschied von dieser Erde und beim Eintauchen in ein neues Sein unbeschreiblich Herrliches erleben, sehen, hören, fühlen konnte. Wenn man all das philosopisch-theologisch weiter verfolgt, so könnte man zu dem Glauben kommen, daß das kurze Dasein auf dieser Erde überhaupt nicht das wahre Leben darstellt, sondern daß uns dieses Leben, von dem wir so oft träumen, erst nach unserer mehr oder weniger beschwerlichen Erdenwanderung erwartet. Ich besinne mich persönlich, daß ich 1972 während eines Urlaubs in Südtirol in zwei aufeinanderfolgenden Nächten von meinem Ableben auf dieser Erde träumte. Ich kann nicht mit Worten beschreiben, welches unendliche Glücksgefühl ich empfand, welche herrlichen Farben ich sah und welche überirdische Musik ich vernahm, während ich mich, völlig schwerelos, in einem wundersamen Gefühl der Geborgenheit befand.
Ja, der Mensch hat ein Recht, seinen Tod in menschenwürdiger Form und in Begleitung zu sterben und auch wir Ärzte sind verpflichtet, diesen Menschen dabei hilfreich zur Seite zu stehen. Wir dürfen nicht zulassen, daß die uns anvertrauten Menschen von dieser Erde in Qual und Pein abtreten und darüber all das Schöne vergessen müssen, das sie auch auf dieser Erde erlebten. Gerade im Bewußtsein, dieses Schöne erlebt zu haben, sollten die Menschen von dieser Erde gehen dürfen, und dabei müssen wir ihnen helfen, indem wir ihnen Schmerzen und Ängste nehmen, und wir müssen versuchen, sie in einen gewissen Glückszustand zu versetzen, damit sie zuversichtlich und dankbar von dieser Welt in die andere Welt hinüberwechseln können. Und keinesfalls dürfen wir es zulassen, daß ein sterbender Mensch diesen Weg allein, ohne Sterbebegleitung, zurücklegt. Wir oder ein Beauftragter müssen am Bett des Verlöschenden sitzen, eventuell seine Hand halten und mit leisen Worten ihm gütig zusprechen, wissend, daß der sterbende Mensch, auch wenn er schon im Koma liegt, wahrnimmt, daß ein Begleiter an seinem Bett sitzt, seine Hand hält und leise Worte zu ihm spricht. Dies ist die wirkliche menschliche Sterbehilfe, die nicht in einem Bad oder Abstellraum zu geschehen hat, sondern in einem schön ausgestatteten Einzelzimmer.
Hier schneide ich nochmals aus besonderem Grund das Thema über die Humanität den kranken Menschen gegenüber an und das immer und

immer stärker werdende Einbeziehen juristischer Gedankengänge in die Medizin, ganz besonders mit der Forderung nach rückhaltloser Aufklärung des Kranken über sein Leiden und die Folgen, die er zu erwarten hat, oder *haben könnte.* Dies alles ist ein Problem, das in die brutale Unmenschlichkeit einmünden kann. Als Arzt der alten Schule, der ich bereits seit über 53 Jahren am Krankenbett stehe, halte bei vielen Erkrankungen die barmherzige Lüge für das angemessene Mittel. Hilfe und Barmherzigkeit betreffend: Es ist in der Tat so, daß einmal die Wahrheit, das andere Mal die Lüge Barmherzigkeit ist. Das ärztliche Handeln sollte nicht von den Doktrinen, sondern von der Humanität bestimmt werden.

Ich denke mit purem Entsetzen daran, wie junge Kollegen dem armen und verängstigten, kaum aus der Narkose aufgewachten Patienten knallhart die Malignomdiagnose gegen den Kopf schleudern. Dies ist meines Erachtens kein ärztliches Handeln. Diese moderne Gepflogenheit ist unärztlich und den Malignompatienten zusätzlich Schaden zufügend; denn das Wissen um die Malignomdiagnose hängt ausnahmslos dem armen Patienten bis zu seinem Tode Tag und Nacht wie ein Damoklesschwert über dem Haupt und nimmt ihm jedwede Lebensfreude und alles das, was den Organismus und die Seele kräftigen könnte - auch wenn das Ableben auch erst nach Jahren und Jahrzehnten eintreten sollte. Über die dadurch "angeschlagene" und in Hoffnungslosigkeit gekommene Seele kommt es unweigerlich zur erheblichen Schwächung des Mesenchyms und dabei ist es doch unsere Aufgabe, beim Malignompatienten mit allen zur Verfügung stehenden Mitteln das Mesenchym zu kräftigen. In den 53 Jahren meiner ärztlichen Tätigkeit habe ich noch keinen Malignomkranken die Diagnose wissen lassen. Weigerte sich ein Patient, sich der notwendig werdenden Operation zu unterziehen, sagte ich ihm lediglich, daß ein Prozeß vorliege, der vielleicht einmal bösartig werden könnte. Und damit bin ich immer zum Ziel gekommen. Kläre ich einen Patienten über die Malignomdiagnose auf, dann füge ich ihm einen Schaden zu. Dem Arzt ist es jedoch *verboten*, einem Menschen Schaden zuzufügen. Somit bestehe ich vor Gericht, wenn ich von der barmherzigen Lüge Gebrauch machte, das heißt, den Menschen *nicht zusätzlich Schaden zufügte.*
Ist man sicher, daß ein Malignompatient nur noch eine begrenzte Zeit zu leben hat, dann gibt es Mittel und Wege, ihm klar zu machen, daß man "in gesunden Tagen sein Testament machen und seine Angelegenheiten regeln sollte". Warum muß man einem solchen Patienten für die letzten

Tage oder Monate seines Lebens das Damoklesschwert über sein Haupt hängen?

Ich gehe da konform mit dem von mir sehr verehrten Professor Dr. Nissen, der diesbezüglich in seinen "Randbemerkungen, zur ärztlichen, besonders der chirurgischen Berufserfahrung" (Verlag Hans Huber) auf Seite 86 in dem Kapitel Aufklärung des Patienten und Operationserlaubnis schreibt. Dieses kleine, aber sehr wertvolle Buch mit 167 Seiten sollte jedem Medizinstudenten in den letzten Semestern und vor allem jedem Assistenzarzt in die Hand gegeben werden. Dieses kleine Buch enthält so viele unendlich wichtige Dinge für einen Arzt in Vorbereitung und für einen Assistenzarzt, vielleicht sogar noch für einen Oberarzt.
In diesem Sinne habe ich am 3.4.85 Stellung genommen zu einem Vortrag und Veröffentlichung des Herrn Professor Dr. Horst Stiller, Direktor der Chirurgischen Klinik des Akademischen Lehr- und Stadtkrankenhaus Hanau zum Thema "Arzt sein im Wandel der Zeit". In seinem Antwortschreiben vom 15.4.85 schrieb er mir unter anderem folgendes wörtlich: "Für ihre Ausführungen danke ich Ihnen von ganzem Herzen. Sie haben mir so viel Menschlichkeit und Unterstützung in meiner Auffassung gegeben, daß ich Ihr Geschenk nicht in Worte zu kleiden vermag".
Ich glaube doch, dieses schwierige Problem betreffend, auf dem rechten Weg zu sein, auch was Menschlichkeit und Barmherzigkeit und Menschenwürde anbelangt. Die Liebe zu den Menschen, vor allem zum leidgeplagten Menschen, ist ja Voraussetzung für ein erfolgreiches ärztliches Handeln, zum Nutzen des Patienten und zur Freude und Erfüllung des Arztes.

Da ich neben meiner oben beschriebenen vielseitigen klinischen Tätigkeit 8 Jahre noch zusätzlich ein balneologisches Sanatorium betreute, vertiefte ich meine Kenntnisse auf dem Gebiet der physikalisch-diätetischen Therapie (Naturheilverfahren) ganz gründlich und ich nahm sehr viele diesbezügliche Erkenntnisse mit in die Klinikbetreuung. Im November 1959 erhielt ich zusätzlich zur Anerkennung als Facharzt für Chirurgie noch die Facharztanerkennung für das Gebiet der physikalisch-diätetischen Therapie, wozu ich in Berlin nach mehrmonatiger Vorbereitung an 3 Kliniken noch eine umfangreiche mündliche Prüfung, unter anderem durch Herrn Professor Dr. Vogler, abzulegen hatte. Ich wurde von drei Herren als alleiniger Prüfling über drei Stunden geprüft und hatte dann nach bestandener Prüfung als 23. Arzt die oben genannte Facharztanerkennung in der ehemaligen

DDR. In der westdeutschen Bundesrepublik wurde diese Facharztanerkennung dann anstandslos anerkannt.

Auf dem Gebiet der physikalischen Therapie interessierte mich ganz besonders *das Verfahren des langsam aufsteigenden Überwärmungsbades* oder Überwärmungsteilbades, das ich in vielen Fällen in der Chirurgischen Klinik unterstützend mit einsetzte. Langjährige eigene günstige Erfahrungen mit dem allmählich aufsteigenden Überwärmungsdauerbad (Teilbad oder Vollbad), teilweise kombiniert mit der Bierschen Stauung an der zu behandelnden Extremität, waren Veranlaßung zum Literaturstudium dieses Fachgebietes. Ich faßte alles Wissenswerte in einer Veröffentlichung in der Zeitschrift "Die Heilkunst", 73. Jahrgang, Heft 8 vom August 1960 zusammen.
Ich bringe in meinen Ausführungen nichts grundsätzlich Neues und darf auf *Lampert*, *Devrient*, *A. Vogl* und *Kowarschik* verweisen, die in ihren Veröffentlichungen über das Problem der Hyperthermie in Wissenschaft und Klinik in ausführlichster Form berichtet haben.

Worauf es mir ankam, war, daran zu erinnern, welchen Wert und welche vorzügliche Wirkung die aufsteigenden Überwärmungsteilbäder sowohl allein als auch in Kombination mit der Chemotherapie und mit chirurgischen Eingriffen haben.

Ich betone gleich eingangs, daß nicht gesagt werden soll, die Chemotherapie und die chirurgischen Eingriffe könnten durch die physikalischen Maßnahmen ersetzt werden. Erstere werden in Form gut dosierbarer, gefahrloser physikalischer Anwendungen unterstützt und das bestimmt zum Wohle der Kranken. Außerdem wird in vielen Fällen erreicht, daß dadurch dem Patienten geringere Medikamentendosen gegeben werden müssen. Chirurgie, Chemotherapie und physikalische Therapie finden somit in harmonischem und geschicktem Zusammenwirken ihre Anwendung, und mit *Lampert* sei gesagt: "Ärztliche Kunst ist, zielsicher die Heilkräfte der Natur zu steuern und mit den neuesten Errungenschaften wissenschaftlicher Forschung zu verbinden."
Zur Geschichte der Wärmekultur schreibt *Devrient* in seinem Buche über die Überwärmungsbäder ausführlich. Es sei mir gestattet, einige wenige Punkte aus dieser vorzüglichen Beschreibung herauszugreifen.

Bereits vor 2400 Jahren hat *Parmenides* gesagt: "Gib mir ein Mittel, Fieber zu erzeugen, und ich heile dir jede Krankheit!" Dieser Gedanke ist heute noch vielfach das Ziel unserer Therapie, muß nach *Lampert* allerdings grundsätzlich von der Hyperthermie unterschieden werden, die man nicht als künstliches Fieber bezeichnen darf.

Als die Sage vom Goldenen Vlies entstand, entdeckte die Göttin Hekate von Kolchis das Aconitum nappellus, welches Fieber entstehen ließ, und das gleichzeitig Fieber heilen konnte. Diese Göttin hatte eine Tochter namens *Medea*. Man sagt ihr nach, daß sie die erste historisch erwähnte Entdeckerin der Überwärmungsbäder sei und zwar der *ansteigenden* Kräuterbäder mit Bewegungsübungen im Wasser und Massage anschließend.

Plinius der Jüngere sagte: "Über 600 Jahre lang waren die Bäder Roms seine besten Ärzte".

Die hygienischen Einrichtungen des Islam fanden in der arabischen Kultur ihren besten Ausdruck, indem die Vorschriften des Islam die persönliche Hygiene auf einen sehr hohen Stand brachten. Die Hauptstadt des Kalifats, Cordoba, besaß 900 öffentliche Bäder, wo die vornehmste Wärmekultur gepflegt wurde.

Auch in Deutschland waren das heiße Bad und das Schwitzen bekannt und beliebt, gerieten dann aber in Vergessenheit aus Angst, die Schwitzbäder könnten die Brutstätte der neuen Krankheit Lues sein. Und als der 30jährige Krieg beendet war, wusch man sich kaum mehr, sondern puderte sich nur noch. Bekannt ist, daß die Japaner, das Volk der heißen Bäder, und die Russen es bis heute vorzüglich verstehen, eine Hyperthermie im Körper zu erzielen und damit akute Krankheiten zu bekämpfen und Erkrankungen vorzubeugen, das heißt, sich auf diese Art und Weise abzuhärten. Die Kenntnis dieses Heilwertes der Überwärmung ist so in das Seelenleben dieser Völker eingedrungen, daß sie direkt kultische Bedeutung erlangten. Zu Beginn unseres Jahrhunderts erfuhr die Wärmetherapie zwei starke Antriebe durch Wilhelm Winsch (gest. 1946) und Maria Schlenz (gest. 1946). Wilhelm Winsch prägte den Begriff der Wärmekultur.

A. Vogl, Chirurg in Glückstadt/Elbe, hat in einer hervorragenden Arbeit über die physiologischen Grundlagen der Wärmetherapie berichtet. Auf Grund der Tatsache, daß der Mensch das temperaturlabilste Wesen sei, spreche der menschliche Körper oder einzelne Regionen leicht auf gewünschte Temperaturveränderungen an. Er schreibt, daß diesen

Umstand die Wäremetherapie benützt, "und so alt sie auch ist, so erweist sie sich immer als ein Heilmittel von höchstem Range, und vielleicht auch als das universellste". Die Überwärmung führe über die Beschleunigung der chemischen Reaktion in allen Körperzellen zur Entschlakkung, aber auch zur Entspannung und "Reinigung und Erneuerung der neurischen Strombahn". Wenn man dem menschlichen Körper durch Überwärmung Wärme zuführt, so werden in seinem ganzen Bereich die Molekularbewegungen verstärkt, "und das sowohl in den Körperzellen, als auch im gesamten neuroplastischen Syncitium".

Vogl hat bewiesen, daß sich die Überwärmung nicht nur auf die verschiedenartigsten Körperzellen erstreckt, sondern gleichfalls auf das neuroplastische Syncitium, was für die Nervenfasern eine Verbesserung der Leitfähigkeit bedeutet, für die anderen Körperzellen eine Beschleunigung und Erleichterung im Stoffwechsel.

Weichardt hat gezeigt, daß durch die Überwärmungsbäder als unspezifische therapeutsche Maßnahme die spezifischen Abwehrkräfte erhöht werden, genau so, wie er in ganz eingehenden Untersuchungen nachgewiesen hat, *daß durch die Hyperthermie eine Aktivierung des Mesenchyms erfolgt*!

Kienle zeigte, wie *Lampert* berichtet, daß der sogenannte *Mesenchym- und Diencephalon-Schwächling* mit dem Symptom der Magersucht durch die Überwärmungsbäder erstaunlich gebessert werde, indem aus dem vegetativen Dystoniker ein "spannungserfüllter Mensch" wird. Man sieht daraus, was auch *Ricker*, *Speransky* und *Veil-Sturm* sowie *Enderlen* bewiesen haben, daß die Hyperthermie einen tief zentral angreifenden Heilfaktor darstellt.

Das Abwehrgeschehen im Menschen hängt sehr eng mit der Körperwärme zusammen. Der Abwehrapparat des Organismus arbeitet bei normaler Körpertemperatur so schnell bzw. langsam, wie es für den normalen Betrieb notwendig ist. Nach Eindringen von Infektionen oder Fremdkörpern in den Organismus muß der Körper in möglichst schnellem Tempo Antikörper fabrizieren. Dies geschieht durch Erhöhung der Geschwindigkeit der gesamten biochemischen Vorgänge infolge Körpertemperatur-Erhöhung. Nun sei grundsätzlich zu unterscheiden, daß die künstliche Überwärmung in Form einer starken Wärmezufuhr bei Verhinderung von Wärmeabgabe eine passive Immunisierung darstellt, während das natürliche Fieber eine aktive Immunisierung ist. *Benvenuti* sagt, daß die Hyperthermie ein Faktor ist, der als Reiz für die Ingangsetzung der humoralen Abwehr-und Umstimmungsvorgänge in Frage kommt.

Wir sehen also, daß zugeführte Wärme den Organimus in der Abwehr gegen eingedrungene Krankheitserreger und Fremdkörper unterstützt und dem Organismus erspart, durch vermehrte Verbrennung eigener Substanzen einen erhöhten Stoffwechselvorgang zu erzwingen. Zugeführte Wärme ist zusätzlich zur Verfügung stehende Energie im Organismus, Energie, die der Körper nicht selbst durch Verbrennung entstehen lassen muß. Jeder kranke Mensch ist von einer gewissen Inappetenz, und die mangelhafte Zufuhr von Nahrungsstoffen läßt ihn noch zusätzlich herunterkommen. Deshalb sollte man vermeiden, daß der Organismus durch aktive Stoffwechselerhöhungen in eine sehr intensive Krankheitsabwehr treten muß. Diese Stoffwechselerhöhung sollte ersetzt werden durch Zufuhr von Wärme, die eine Hyperthermie im Organismus erzielt; denn das ist gleichbedeutend mit Zufuhr von Energie von außen, ohne den Magen-Darm-Kanal damit belasten zu müssen.
Domagk beweist Folgendes: "Eine gesteigerte bakteriostatische Wirkung und auch eine teilweise Abtötung der Keime erfolgen, wenn die Wachstumsbedingungen in der Kultur schlecht sind, auch durch Temperatursteigerung auf 39-40 Grad Celsius, Hochfiebernde Patienten werden also einen besseren Sulfonamid-Effekt als gleichstark Infizierte mit schwächerer oder fehlender Temperatursteigerung haben. Durch die Hyperthermie treten Stoffwechseländerungen im Körper auf, die gemeinsam mit den hohen Körpertemperaturen indirekt oder direkt helfen, bei Infektionskrankheiten die Erreger zu schädigen und die Abwehrkräfte zu steigern." *Domagk* bewies weiter, daß Sulfonamide usw. direkt antibakteriell wirken, indem sie in den Stoffwechsel der Erreger eingreifen, während das Überwärmungsbad indirekt antibakteriell wirkt durch Steigerung der spezifischen und unspezifischen Abwehrkräfte im Organismus. In manchen Fällen würden durch das Überwärmungsbad die Erreger derart verändert, daß bereits wesentlich geringere Dosen des Medikamentes als gewöhnlich die Erreger abtöten.
Im Gegensatz zu den Lehren der Hochschul-Medizin bis zur Jahrhundertwende hat *August Bier* hingewiesen, daß die Entzündung,die durch Wärme gesteigert werden kann, eine Heilreaktion des Körpers auf eine Schädigung durch Bakterien oder Fremdkörper darstellt und als notwendig zur Ausheilung des erkrankten Gewebes betrachtet wird.

Bier hat weiterhin erkannt, daß der wichtigste Heilfaktor der Entzündung die Hyperämie ist. In seinem bekannten Werk "Hyperämie als Heilmittel" lehrt er, daß durch Wärme die Hyperämie gesteigert wird, dadurch der Entzündungsreiz vermehrt und die Heilung beschleunigt werden kann. Genügen diese künstlichen Maßnahmen nicht, so kommt es zum Fieber als Allgemeinreaktion des Organismus und der Hauptheilfaktor des Fiebers ist die Hyperthermie, die künstlich durch Wärmezufuhr hervorgebracht werden kann. *Die künstliche, durch das Überwärmungsbad erzeugte Hyperthermie ist viel ungefährlicher als viele Methoden zur Erzeugung künstlichen Fiebers*, wie z. B. durch Einbringung der Malaria in den Organismus usw., Methoden die den Organismus zusätzlich belasten. Die *van Hoffsche* Regel besagt, daß die Reaktionszeit mit dem Temperaturanstieg erhöht wird (*Kowarschik*). Durch Wärmezufuhr werden somit alle Lebensvorgänge aktivierend beschleunigt, auch die, die der Krankheitsabwehr dienen. *Kowarschik* u.a. beschreibt als die wichtigsten Reaktionen für die Hyperthermie:

a) die aktive Hyperämie;

b) die antibakterielle und entzündungsverstärkende sowie entzündungshemmende Wirkung der Wärme als Folge der Hyperämie und dadurch begründet, daß das Blut das wichtigste Vehikel der Abwehrstoffe ist;

c) erhöhter Abtransport und erhöhte Resorption von Stoffwechselprodukten und pathologischen Produkten;

d) schmerzstillende Wirkung der Wärme und dadurch die Möglichkeit, die Beweglichkeit eines erkrankten Gelenkes zu verbessern oder zu erhalten;

e) die krampflösende und tonusvermindernde Wirkung der Wärme.

Es ist somit ersichtlich, daß die Wärme in Ihrer Wirkungsweise zu dem wichtigsten physikalischen Heilmittel geworden ist, *für Chirurgie und Gynäkologie als unentbehrliche und unterstützende Heilmethode* und als eines der Hauptheilmittel in der sogenannten konservativen Chirurgie und konservative Gynäkologie. Wärme erweitert die kleinen und kleinsten Gefäße, und damit geht parallel eine Vermehrung und Beschleunigung des Blutstroms, was *August Bier* als aktive Hyperämie bezeichnete. Von außerordentlicher Wichtigkeit ist es, zu wissen, daß die durch die Wärme bedingte Erweiterung der Strombahn mit ihrer Hyperämie nicht auf den

Ort der Einwirkung beschränkt bleibt, sondern sich reflektorisch in abgeschwächter Form auf das ganze Organ Haut ausdehnt, Gleichzeitig tritt mit der Flächenausbreitung der Hyperämie eine reflektorische Tiefenhyperämie unter der Einwirkungsstelle an den darunter liegenden Muskeln oder Organen auf. Diese Tiefenhyperämie kann an den Extremitäten nachgewiesen werden (*Kowarschik*). Genau so ist das Gesetz der reflektorischen Vorgänge beim Abdomen zu betrachten. Durch Wärmeauflagen, z.B. auf die Magengegend, wird das darunter liegende Organ Magen nicht durch Wärmefortleitung, sondern allein reflektorisch durch die Tiefenhyperämie, die eine Temperatursteigerng zur Folge hat, erwärmt. Auf eine sehr wichtige Ausnahme wird hingewiesen, und zwar sind das die *kranken Gefäße*, die die Fähigkeit verloren haben, sich rasch zu erweitern und gleichzeitig durch Reize eine erhöhte Kontraktionsbereitschaft zeigen. *Wenn solche Gefäße von einem stärkeren Wärme- strom getroffen werden, so antworten sie mit einer oft kaum zu lösenden Kontraktion, wodurch sogar eine Gangrän erzeugt werden kann. Anders als auf die plötzliche Wärmeeinwirkung reagieren die Gefäße im soge- nannten aufsteigenden Bad, welches mit 35-37 Grad beginnt und sehr langsam aufgeheizt wird.*

Durch *Wegfall des Wärmeschocks* bleibt die primäre Gefäßkontraktion aus (der normalerweise die reaktive Hyperämie folgt), das heißt, die Gefäße antworten, zwar langsam, aber doch in zunehmendem Maße mit einer Erweiterung. *Deshalb wird für chirurgische Fälle das ansteigende Teil-(Dauer) Bad empfohlen*, da ja in vielen Fällen das Gefäßnetz der erkrankten Extremität schon mechanisch oder toxisch geschädigt ist, das wie erkrankte Gefäße reagieren kann. Um hier den richtigen Effekt zu erzielen, vermeide man plötzliche Schockwirkung in Form anfangs hoher Temperaturen. Aus der Literatur kann die Feststellung abgeleitet werden, daß die von *Walinski* eingeführte klinische Hyperthermie, von *Lampert* eindeutig wissenschaftlich begründet und breitbasig ausgerichtet, in einer großen Anzahl von Fällen mit chirurgischem Charakter unumstritten als außerordentlich gute Unterstützung vor und nach chirurgischen Eingriffen gelten kann. *Es wird nochmals betont, daß das aufsteigende Überwärmungsteilbad keinesfalls die chirururgischen Maßnahmen oder die Chemotherapie ersetzen soll. Es soll beiden nur auf dem Wege zum Erfolg tatkräftig zur Seite stehen*, und das tut es wohl manchmal ausschlaggebend. Wenn geschrieben wird, daß das ansteigende Überwärmungsteilbad für eine ganze Reihe von chirurgischen Prozessen von außerordentlichem Wert ist, dann sei an alle Panaritien-Formen und Phlegmonen der oberen und unteren Extremitäten erinnert, die neben der chirurgischen und chemotherapeutischen Versorgung bestens mit örtlichen ansteigenden Überwärmungsteilbädern behandelt werden können. Nochmals betont sei, daß es infolge des *langsamen Temperaturanstiegs* im Sinne von *Schwenninger* und *Hauffe* nicht zu der primären Gefäßkontraktion kommt, wie das bei plötzlichen heißen Wasseranwendungen der Fall ist. Es tritt vielmehr sofort eine zunehmende und letzlich maximale Gefäßerweiterung ein. Deshalb sind die ansteigenden Teilbäder für die Chirurgie geradezu ideal.

Man erreicht eine maximale Gefäßerweiterung mit Heil-Hyperämie und schont dabei Herz und Kreislauf, indem man unter anderem eine unerwünschte Blutdrucksteigerung vermeidet. Gerade in der Chirurgie, und ganz besonders in septischen Fällen, ist dieses Verfahren besonders geeignet, da das aufsteigende Teil(Dauer)Bad den oft schon geschädigten Kreislauf nicht zusätzlich belastet. Das allmählich aufsteigende Teil-Dauer-Bad ist ein Arm- oder Beinbad, und möglichst sollte der ganze Arm oder das ganze Bein der Wasserwirkung ausgesetzt sein. Da das in allen Fällen allerdings nicht möglich ist, unterstützt man das Unterarm-oder Unterschenkel-Teilbad durch das Anlegen einer Staubinde am Oberarm oder Oberschenkel. Dann kommt zur primären Hyperämie durch das aufsteigende Teil-Dauer-Bad die *secundäre Hyperämie nach Bier unterstützend hinzu.* Am besten geschehen diese Überwärmungs-Teil-Dauer-Bäder beim Liegen im Bett, gut zugedeckt, damit auch durch das Teil-Überwärmungsbad eine generelle Hyperthermie erzeugt werden kann. Man beginnt temperaturmäßig bei 35 Grad und steigert bis 40-42 Grad Celsius und höher. In dieser Situation verbleibt der Patient einige Stunden täglich, und es ist darauf zu achten, daß die Wassertemperatur ihren Höchststand beibehält.
Ich erlebte, daß eine 65jährige Frau pro Tag bis 2 x 4 Std. in diesem Teil-Dauer-Überwärmungsbad verblieb (über diesen Fall berichte ich unten). Nach chirurgischer Versorgung kommt es durch die aufsteigenden Überwärmungsbäder zu einer sehr schnellen Lokalisation des Prozesses, zur Einschmelzung und Abstoßung der Nekrose. Ist der chirurgische Eingriff anfänglich noch nicht angezeigt und beginnt man zunächst mit Teil-Überwärmungsbädern, dann wird seine Ausführung leichter, schonender und begrenzter sein, und der Heilungsverlauf wird, weiterhin durch Dauerbäder unterstützt, sich sehr viel schneller vollziehen und das funktionelle Ergebnis der betroffenen Extremität sich auf jeden Fall wesentlich günstiger gestalten.

Man könnte nun meinen, daß das über die Überwärmungsvollbäder Gesagte nicht auch auf die Überwärmungsteilbäder bezogen werden könnte. Dem ist nicht so. Wenn auch beim Teilüberwärmungsbad der übrige Körper nach einer gewissen Zeit einen Schweißausbruch erfährt, der unter anderem die Körpertemperatur-Erhöhung erheblich hinter der des Überwärmungsvollbades zurückbleiben läßt, so wird doch auch beim Überwärmungsteilbad eine generelle Hyperthermie beobachtet, die genügt, daß die allgemeinen Stoffwechselfunktionen erhöht, die Abwehrreaktion im ganzen gesteigert und dem Organismus Unterstützung im Kampf gegen die bestehende lokale und allgemeine Erkrankung zuteil werden. Wegen des über Gebühr großen Vorspanns sollen jetzt nur 3 Fälle aufgeführt werden.

Fall 1: Ein 58jähriger Mann wurde am 7.11.58 stationär eingewiesen, nachdem er bereits seit Mitte Oktober 1958 Schmerzen im Bereich des 5. Fingers rechts verspürt hatte. Der einweisende Kollege behandelte laufend mit Ichthyol-Verbänden, Jod und Campher, worauf die Schwellung und die Schmerzen weiterhin zunahmen. Am 1.11.58 wurde vom einweisenden Kollegen eine seitliche Incision medial und lateral im Bereich des 2. Interdigitalgelenkes des 5. Fingers rechts vorgenommen, und am 7.11.58 erfolgte die Einweisung ins Krankenhaus. Lokalbefund: Massive Auftreibung im Bereich des gesamten 5. Fingers rechts mit deutlicher Lymphangitis im Bereich des rechten Unterarmes. Im 2. Interdigitalgelenk vernahm man bei Bewegungen daselbst ein deutliches Krepitieren. Die l. Röntgenaufnahme vom 7.11.58 zeigte ein ausgeprägtes Panaritium articulare im 2. Interdigitalgelenk des 5. Fingers rechts. Die vom einweisenden Kollegen vorgenommene Incision und Gegen-Incision wurde als ausreichend betrachtet. Auf Grund des gesamten klinischen und röntgenologischen Befundes wurde der Patient darauf aufmerksam gemacht, daß die Absetzung des Fingers wahrscheinlich erforderlich werden wird und nicht mehr lange gewartet werden kann. Der Patient wies darauf hin, daß er in seinem Beruf gerade diesen Finger dringend brauche.

Nun wurde folgende Therapie eingeschlagen: Penicillin-und Supronal, 2x tgl. aufsteigendes Überwärmungs-Teil-Dauerbad von mehreren Stunden mit gleichzeitig angelegter Staubinde im Bereich des Oberarmes. Daraufhin ging der anfänglich erhebliche klinische Befund überraschend schnell zurück, die zuerst bestehende Crepitatio verschwand vollkommen. Die Röntgenkontrolle am 24.11.58 wies eine fast völlige Behebung des acuten Prozesses auf. Die Gebrauchsfähigkeit des 5. Fingers rechts war bei der Entlassung am 24.11.58 nur wenig eingeschränkt. Der Patient war natürlich hoch erfreut, daß der Finger erhalten blieb.

Fall 2: Eine 65-jährige Bäuerin wurde im Jahre 1958 sechs Monate stationär behandelt. Sie habe seit einigen Jahren "rheumatische Schmerzen" in ihrem linken Fußgelenk bei erheblicher Verschlechterung im letzten Halbjahr gehabt. Die bisherige Behandlung habe in Massage und Heißluft bestanden. Ein paar orthopädische Schuhe seien ihr verordnet worden.
Bei der stationären Aufnahme ~~am~~ bestand völlige Gehunfähigkeit. Das gesamte linke Fußgelenk war stärkstens verschwollen, entzündlich gerötet bei bestehender Fluktuation. Die Röntgenaufnahmen vom 31.5.58 und vor allem dann vom 16.6.58 zeigten eine ausgedehnte Osteomyelitis des Sprungbeines und des Fersenbeines. Der Allgemeinzustand der Patientin war auf Grund des septischen Krankheitsgeschehens schlecht. Bei einer Blutsenkung von 135/140 und Absinken des roten Blutfarbstoffes auf 50% bei 2,7 Mill. roten Blutkörperchen konnte der stark reduzierten Patientin ein radikaler Eingriff in Form der Absetzung des linken Unterschenkels keinesfalls zugemutet werden.

Die chirurgische Behandlung bestand in ausreichender Eröffnung des gesamten Prozesses medial und lateral, wobei alle erreichbaren osteomyelitischen Partien mit dem scharfen Löffel entfernt wurden. Die lokale Behandlung bestand postoperativ in aufsteigenden Teil-Überwärmungs-Dauerbädern des linken Unterschenkels bei angelegter Staubinde am linken Oberschenkel nach *Bier*.
Diese Dauerbäder wurden bis 2 x 4 Stunden täglich ausgedehnt. Der unbedingte Lebenswille der Patientin trug sehr viel dazu bei, daß diese wirklich drastischen Maßnahmen bei dem sehr schweren Allgemeinbild der Krankheit durchgeführt werden konnten. Jeweils nach dem Bade wurden die Wundhöhlen locker tamponiert, wobei die von mir abgewandelte *Chlumskische* Lösung verwendet wurde. Die allgemeine Behandlung bestand in mehreren Bluttransfusionen, hohen Dosen Penicillin und Supronal, Strophantin und Vitam C forte und Vitamin B und Traubenzucker intravenös, Vitaferro cum cobalto.
Das septische Krankheitsbild klang relativ schnell ab, und die Patientin erholte sich langsam, aber stetig. Sie zeigte zwischen dem dritten und sechsten Monat der Behandlung eine Gewichtskurve von 53 kg bis 64,5 kg; der rote Blutfarbstoff war auf 80% bei 4,23 Mio. roten Blutkörperchen angestiegen und die Blutsenkung war auf 12/25 mm abgesunken. Die Röntgenkontrolle bestätigte das Abgeklungensein des akuten Prozesses bei befriedigender Regeneration. Um das Fußgelenk, das übrigens kaum in seiner Beweglichkeit eingeschränkt war, noch nicht voll belasten zu müssen, wurde ein Schienenhülsen-Stützapparat angefertigt, mit dem

die Patientin bis zum heutigen Tage sehr gut läuft. Bei einer Nachuntersuchung fand ich völlig reizlose Verhältnisse im Bereich des linken Fußes und Unterschenkels.

Das Fußgelenk war frei beweglich und konnte belastet werden. Die Patientin ist ganz beschwerdefrei und sieht trotz ihrer 65 Jahre und der durchgemachten schweren Erkrankung ausgesprochen wohl aus. Ich besuchte die Patientin später einmal zu Hause in ihrem bäuerlichen Betrieb. Dabei fand ich sie auf dem Acker hinter einem Pflug gehend.

Fall 3: Bei einer 46-jährigen Frau erfolgte 1953 in einer anderen Klinik eine Probe-Abrasio, der eine Strahlenbehandlung angeschlossen wurde. Befund im Sommer 1958: Durch die etwas adipösen Bauchdecken fühlte man einen fast bis zum Nabel reichenden derben Tumor, unverschieblich der Beckenwand aufsitzend. Bei der inneren Untersuchung tastete man schon die Cervix in einen großen derben Tumor übergehend, der, wie oben beschrieben, durch die Bauchdecken zu tasten war und außer in die Ligamenta auch weit nach vorn zur Blase hin ausstrahlte. Rectal fand man die Ampulle starrwandig und bei 10 cm Höhe partiell stenosiert. In der Schleimhaut zeigten sich geringe Ödeme mit punktförmigen Blutungen.Die Rectoscopie gelang nur bis in eine Höhe von 16 cm. Die Cystoscopie ließ ein breites Ödem des Blasenbodens erkennen und im Bereich des linken Harnleiters ausgedehnte Nekrosen bzw. Fibrinauflagerungen. Histologisch erwies sich das durch Excochleation gewonnene Material als vorwiegend nicht verhorntes Platten-Epithel-Carcinom. So wurde die Diagnose "großer Becken-Tumor als Collum-Carzinom der Gruppe III nach Strahlenbehandlung vor 5 Jahren " klinisch gestellt. Die klinische Behandlung begann am 6.11.58 und erforderte Alcaloide zur Schmerzstillung, energische Unterstützung der Darmtätigkeit bei Sub-Ileus-Erscheinungen. Nachdem eine wirklich Kausale Therapie nicht mehr möglich war, wurde im November 1958 eine streng kurmäßige, konservative Behandlung begonnen, die sich folgendermaßen zusammensetzte:

a) mehrere Serien ansteigender Überwärmungsvollbäder,
b) das Mistelpräparat Plenosol in hohen Dosen intravenös,
c) Testoviron in hohen Dosen als gegengeschlechtliches Hormon,
d) zur Ansäuerung das Präparat "Ammonchlor" aus dem Sächs. Serumwerk Dresden.

Der Verlauf zeigte erfreulicherweise ein relativ schnelles Abklingen der Schmerzzustände, eine normale Regulierung der Blasen-und Darmtätigkeit und ein nach 2 Monaten Behandlung einsetzender Gewichtsstillstand, zu dem bis zum 3.2.59 wieder eine Gewichtszunahme von 4 kg kam.
Der Lokalbefund veränderte sich insofern, als eine langsam einsetzende und sich ständig steigernde Nekrobiose im Collum-Bereich zu einer Krater-Bildung führte und gleichzeitig mit der starken, anfänglich foetiden, jetzt aber relativ geruchsarmen Absonderung, Stauungen und entzündliche Erscheinungen in der Nachbarschaft abklangen, so daß man eine wesentliche Verkleinerung des anfangs nachgewiesenen Tumors feststellen konnte.

Ein wesentlicher Effekt der durchgeführten Behandlung betrifft die Psyche. Aus der schwer depressiven und leidenden Frau war eine temperamentvolle und relativ ausgeglichene Patientin geworden, die sich sowohl an die stärkeren Absonderungen als auch an die jetzt recht tiefe Stimmlage, als bislang einzig beobachtete Nebenwirkung der hohen Testovirongaben, gewöhnt hatte. Mehrmals durchgeführte Kontrollen der zu Beginn (Nov. 1958) sehr hohen Blutsenkung von 120 mm nach 2 Stunden schwankten, nachdem die Blutsenkung in den ersten drei Wochen auf 50 mm abgesunken war, jetzt zwischen 50 und 90 mm; der rote Blutfarbstoff stieg in den ersten Wochen spontan von 70 auf 80% an und hält sich jetzt zwischen 70 und 80%. Die Einschmelzung des Tumors wurde durch eine Kontrastfüllung röntgenologisch nachgewiesen (siehe Skizze). S.74 a)

Lampert berichtet in seinem Buch über die Überwärmungsbäder, daß Tumorzellen bzw. Tumorgewebe bei 39 Grad in ihrer Lebensfähigkeit gehemmt werden.

Bei 40 bis 42°Grad sei, vor allem bei wiederholter Erwärmung, fast keine Lebensäußerung mehr wahrnehmbar, und bei 43 Grad sei kein Leben mehr in der Tumorzelle möglich, während Normalgewebe durch die Temperaturen nicht gehemmt wurden. Im Mäuse-Versuch (*Lampert*) bleibt der Tumor durch Hyperthermie in seiner Entwicklung zurück bzw. wächst nicht mehr. Die Tumorbeschaffenheit zeigt entweder totale oder durchsetzende Nekrose. Viele Tumoren seien mit Bindegewebe durchsetzt.

Vollmar fand, daß Kulturen von Tumorgewebe schon bei Temperaturerhöhung über 39 Grad eine Beeinträchtigung ihrer Entwicklungsfähigkeit aufweisen, die mit Ansteigen der Temperatur zunähme. Mehrmalige einstündige Überwärmungsbäder von 40 bis 42 Grad würden die Lebensfähigkeit der Tumorgewebskulturen nahezu vollkommen vernichten. *Mendel* teilte 1928 mit, daß Tumorgewebe auch unter günstigen Lebensbedingungen bei einer Temperatur von 41,5 Grad Celsius absterbe. *Götze* (Erlangen) gelang es, ein Melanom-Sarkom der Ferse, das durch Röntgenstrahlen unbeeinflußt geblieben war, nach 5 Überwärmungsbädern durch Abstoßung des Tumors mit glatter Narbe auszuheilen. In 4 Fällen von Penis-Carcinom hat sich durch die örtliche Hyperthermie bei Blutleere der nekrotisch gewordene Tumor abgestoßen. *John J. Cares* ist der Meinung, daß man eine doppelt so große Zahl von Heilungen erzielen könne, wenn man die Hyperthermie-Behandlung mit der Strahlenbehandlung verbinde.
Von *Kappf* schreibt über den Wert und die Vorteile *der innerlichen Säuerung in Verbindung mit den Überwärmungsbädern*, und auch *Saller* hat in seiner Besprechung der Alkalien und Säuren darauf hingewiesen, *daß eine Säure Therapie im Sinne von Kappf bei Malignomen angezeigt sei.*
Bei Carcinom-Patienten ist die körpereigene Acidose ungenügend und wird verbessert einmal durch das Überwärmungsbad, welches schon von sich aus ansäuernd wirkt (*Lampert*), und zweitens durch Säuerungspräparate. Will man ein übriges zur Ansäuerung tun, dann gebe man dem Überwärmungsbad Kieselsäure-Präparate bei. Übrigens hat auch Frau *Schlenz* den Wert der zusätzlichen Säuerung erkannt und wendete die Säure-Therapie als Unterstützung der nach ihr benannten Kur an.

Im Falle 3 lag ein inkurables Collum-Carcinom vor, das 1953 der Bestrahlungstherapie zugeführt wurde.Ein operatives Vorgehen war nicht möglich, da die Patientin diesen Mammut-Eingriff in ihrem schlechten Allgemeinzustand nicht überstanden hätte. So kamen wir, *Moeseritz* als Gynäkologe und ich, überein, die Behandlung rein konservativ zu gestalten, und verabreichten, wie oben schon beschrieben

1.) neben mehreren Überwärmungsbad-Serien
2.) hohe Dosen Testoviron,
3.) hohe Dosen Plenosol intravenös und
4.) zur Ansäuerung das neue Präparat "Ammonchlor SSW".

Das Ergebnis bei dieser Patientin war wahrlich so ermutigend, daß wir planten, diese Behandlungsmethode bei ähnlich gelagerten Fällen unbedingt auch zur Anwendung zu bringen. Auf alle Fälle wollten wir, wie *Vollmar* vorschlug, die Bestrahlungstherapie mit der oben beschriebenen Therapie kombinieren. Bei noch zu operierenden Carcinom-Fällen oder wieder operabel gewordenen Fällen wollten wir postoperativ die obige Behandlung anschließen, um evtl. günstig auf die unerkannten Metastasen einwirken zu können. In diesem Zusammenhang sei nochmals darauf hingewiesen, welch günstige Wirkung die Hyperthermie in der *Kräftigung des Mesenchyms* besitzt, und ich halte diese Tatsache für die unterstützende Behandlung von Carcinom-Kranken von nicht zu unterschätzendem Wert.

Leider konnte ich diese Arbeiten wegen unseres fluchtartigen Wegzuges in die Bundesrepublik Deutschland nicht fortsetzen. Wie oben schon geschrieben, hatte ich bereits einen umfangreichen Bericht in Buchform über "Die Physikalisch-Diätetische Therapie in der Chirurgie" erarbeitet, mußte sie jedoch vor unserer Flucht mit allen meinen Arbeiten dem Feuer übergeben.

Warum erfolgte die Flucht aus der alten Heimat in die Bundesrepublik Deutschland?

Als mein Vater als Rechtsanwalt und Notar 1947/1948 in Hagen/Westfalen erneut eine größere Kanzlei aufbaute, glaubten die Machthaber in der ehemaligen DDR, er würde mit den freiheitlichen Juristen in Berlin zusammenarbeiten und ich würde Zuträgerdienste leisten. Das war aber schon deshalb gar nicht möglich, weil ich mich nicht im geringsten um Politik kümmern konnte, sondern Tag für Tag 15 bis 18 Stunden beruflich tätig war. Die politischen Machthaber kontrollierten meine Post und hörten unmißverständlich meine Telefongespräche ab. Eines Tages rief ein von mir operierter Funktionär der SED bei mir an und meldete sich für 20.00 Uhr in meiner Wohnung zu einem Besuch an mit der Bemerkung, ich möchte bitte kein Hauslicht anmachen, da in der Umgebung unseres Hauses mehrere SED-Mitglieder wohnten. Er kam auch, um mir zu sagen, daß wieder das und jenes bei der SED-Kreisleitung gegen mich vorliegen würde, obwohl ich mir nicht das Geringste vorzuwerfen hatte, da ich nur unermüdlich beruflich tätig war.

Eines Tages wurde ich zum Bezirksarzt nach Chemnitz beordert, da ich falsche Eintragungen in Krankenblätter gemacht hätte. Dies stimmte natürlich nicht und alles hatte sich erledigt. Dafür wurde der Bezirksarzt daraufhin in eine andere Funktion versetzt. Die Lage wurde jedoch für

mich und meine Familie derart schwierig, daß wir uns im Juli 1960 entschlossen, meine geliebte Heimat und das wunderschöne, mir ans Herz gewachsene Krankenhaus bei Nacht und Nebel fluchtartig zu verlassen unter Zurücklassung unserer ganzen Habe und nachdem ich meine gesamten Arbeiten und privaten Schreiben in mehreren Nächten dem Feuer übergeben hatte.
So ging wieder ein Lebens-und Berufsabschnitt für mich zu Ende und wir gingen mittellos in eine unklare Zukunft. Ich konnte in einer Aktentasche nur meine wichtigsten Unterlagen mitnehmen, und wir besaßen nur die Kleidungsstücke, die wir auf dem Leibe trugen. Es war eine sehr gut vorbereitete Flucht über Berlin nach Hagen/Westfalen, wo meine Mutter noch als Witwe lebte. Ich hatte einen 10-tägigen Urlaub nach Stralsund beantragt und hatte auch schon in Stralsund ein Quartier für 10 Tage bezahlt. Ich hatte außerdem für den Fluchttag einen Besprechungstermin in der DDR-Präsidialkanzlei, um dort unsere Enteignungsangelegenheit zu besprechen. Und drittens hatte ich eine Kongreßeinladung für naturgemäße Heilmethoden in Österreich in der Aktentasche. Im Gesundheitsministerium hätte ich auch die Genehmigung dafür beantragen können.

Mit dem Wagen fuhren wir nachts nach Berlin, nachdem wir von unserem Heim und von unserem treuen Schäferhund tränenden Auges Abschied genommen hatten.

In Berlin fuhren wir bis zum S-Bahnhof Buch, wo wir den Wagen mit dem Urlaubsgepäck stehenließen. Von Berlin-Buch ging die S-Bahnfahrt in Richtung Friedrichstraße. Es glückte uns, am Bahnhof Gesundbrunnen (Westteil Berlins) auszusteigen. Schnell verließen wir das Bahngelände (DDR-Gelände), um zu Bekannten nach Berlin-Steglitz zu fahren. Durchgeschwitzt kam ich dort an und hatte den Wunsch geäußert, mich nun gleich umzuziehen. Meine Frau sagte mir daraufhin: "Lieber Mann, Du hast nur noch das, was Du auf dem Leib hast." Mit einem Nachtflugzeug flogen wir von Berlin nach Hannover und von dort per Bahn nach Hagen/Westfalen zu meiner Mutter, wo wir uns erst einmal in einem benachbarten Gasthaus ausschliefen.

Nun mußten wir wieder einmal von vorn anfangen. Sehr schnell begann ich, Bewerbungen in alle Richtungen der Bundesrepublik zu schreiben. Sehr bald erreichte mich ein sicheres Angebot aus einer Klinik einer Kleinstadt in Niedersachsen. Unglücklicherweise nahm ich diese Stelle als chirurgischer Oberarzt des Krankenhauses (ohne weitere

Assistenzärzte) unbesehen an und zog mit meiner Familie am 4. August 1960 wieder in Richtung Osten bis in die Nähe der Grenze zur ehemaligen DDR. Dort wurde ich vom Chefarzt in Empfang genommen. Die Begrüßung war kühl und unpersönlich und die stechenden Augen dieses Chefarztes gingen mir durch Mark und Bein. Ich ahnte, daß mir eine schwere Zeit bevorstand.

Anfänglich wohnte ich mit Frau und Tochter im Kellergeschoß des Krankenhauses, bis ich dann sehr bald in der Nähe des Krankenhauses eine zufriedenstellende Wohnung beziehen konnte. Von der Stadtverwaltung bekam ich einen zinslosen Kredit für eine bescheidene Wohnungseinrichtung.

Die Arbeit im Krankenhaus wurde für mich eine für die Gesundheit gefahrdrohende seelische Belastung. Der Chef war ein hektischer Choleriker. Und genauso pflegte er zu operieren. Während ich ein gewebeschonendes, nicht zu schnelles, aber auch kein langsames Operieren über viele Jahre gewohnt war, gab es bei dem Chef nur ein ungemein nervöses und hektisches Arbeiten ohne Gewebeschonung und die Folge dieser hektischen Technik waren Operationsfehler, die in so manchem Fall unnötig tödlich endeten.

Ich habe mir in den vielen hinter mir liegenden Jahren niemals vorstellen können, daß die Letalitätsrate im chirurgischen Betrieb so hoch sein könnte, wie ich das in dem oben beschriebenen Krankenhaus erleben mußte. Ich wußte von Anfang an nicht, wie lange ich dieses berufliche Leben dort auszuhalten in der Lage sein konnte.

Nebenbei gesagt: Führte der Chefarzt z.B. eine Magenresektion durch, ging er anschließend mit blutbeflecktem Kittel auf den Flur, um den dort wartenden Ambulanzpatienten das Präparat zu zeigen und zu erklären.

So mancher Patient wurde so überflüssig schockiert.

Im übrigen wurde ich beim ersten Betreten des Krankenhauses von einer Stationsschwester wie folgt begrüßt: "Armer Herr Dr. Lindner!" Auch das ließ mich nichts Gutes ahnen.

Durch das ganze Milieu, gekennzeichnet durch die Art des Chefarztes, wurde ich selbst in der chirurgischen Tätigkeit unsicher. Operationen, die ich vorher anstandslos und routinemäßig durchführte, ließen unbekannte Schwierigkeiten aufkommen, die die Psyche und damit die Sicherheit beim Arbeiten ungemein belasteten. Da ich neben dem Chefarzt der einzige Mitarbeiter in der chirurgischen Abteilung war, habe ich ein Jahr lang schier Tag und Nacht im Dienst sein müssen. Es waren Monate, in denen ich pro Woche 7 Tage und 7 Nächte arbeiten oder in Bereitschaft sein mußte.

Da ich vom Chef alle zu erstellenden Gutachten übertragen bekam, und das will ich diesem Mann als ein Plus anrechnen, war ich sehr bald in der Lage, den zinslosen Kredit abzutragen. Und nach 8 Monaten konnte ich mir sogar das erste Ford-Automobil gegen Barzahlung anschaffen.

Nachdem ich nach circa sechs monatiger dortiger Tätigkeit mit den Nerven schier "zu Fuß" ging, erinnerte ich mich an einen mir bekannten Kollegen, der die ehemalige DDR zwei Jahre vor mir verlassen hatte. Seine Schwester hatte ich im Vogtland wegen eines Schultergelenk-Empyems operiert. Bei ihr erkundigte ich mich nach dem Verbleib ihres Bruders und ich bekam dann zu meiner Freude die Nachricht, daß ihr Bruder ganz unweit von unserem Wohnort ärztlich tätig sei.

Ich setzte mich sofort mit ihm telefonisch in Verbindung und besprach mit ihm den Zeitpunkt eines Treffens.

Schon vorher trug ich mich mit dem Gedanken, dieses mich belastende Krankenhaus so schnell als möglich zu verlassen, derweilen mein dortiger Vorgänger, noch jünger als ich, einem Herzinfarkt erlag, was meines Erachtens kein Wunder war. Wie ich später erfuhr, war ich in relativ kurzer Zeit der 17. Arzt, der diese Stelle innehatte. Ich überlegte nun mit meiner Frau die berufliche Zukunft. Mit 45 Jahren bekam man in diesen Jahren keine Chefarztposition mehr, außer man kam aus einer Universitätsklinik. Oberarzt Zeit des Lebens zu sein, schien mir wenig beglückend. Dann dachten wir daran, eine Unfallarztpraxis mit Belegbetten zu übernehmen. Wir rechneten uns aus, daß wir für dieses Vorhaben ca. 300.000 DM als Darlehen aufnehmen müßten. Aus der ehemaligen DDR kommend und nach den seelischen Belastungen im oben beschriebenen Krankenhaus hatten wir Angst und Bedenken, uns diesen Schuldenberg aufzuladen, hätte ich allerdings damals gewußt, was ich heute in puncto finanzieller Probleme weiß, hätte ich nicht gezögert, in eine Unfallpraxis mit Belegbetten einzusteigen.
Wir fuhren also zu unserem Collegen in der Nachbarschaft, den ich schon seit vielen Jahren kannte. Dieser war vor seinem Wechsel aus der

ehemaligen DDR im Harz Chefchirurg in einem Krankenhaus, erkrankte dann aber an einem schweren Magenleiden, das die Magenresektion erforderlich machte. Aus diesem Grunde schied er aus dem Klinikbetrieb aus und entschloß sich, im Rahmen der Landesversicherungsanstalt Hannover einen Posten als Vertrauensarzt anzunehmen.

Er riet mir, das Gleiche zu tun, mit der Bemerkung, daß ich dabei in ein gesichertes Beamtenverhältnis kommen könnte und daß dadurch auch meine Familie abgesichert sei. Ich stellte mich alsbald bei der Landesversicherungsanstalt Hannover vor und wurde dann umgehend auf Grund meiner vielseitigen Ausbildung als Vertrauensarzt in Buxtehude und später zusätzlich noch in Bremervörde angenommen. Ich erbat jedoch die Genehmigung, als Nebentätigkeit einer eigenen Praxis vorstehen zu dürfen, was mir sofort zugesagt wurde. So verließen wir zum 1.7.1961 die Klinik, die uns nach einem Jahr zu einer schier unerträglichen Belastung geworden war.

Durch diese oben geschilderten Erlebnisse wurde mir zunächst der Abschied aus der Klinik, die einstmals meine große Leidenschaft gewesen war, leichter gemacht. Ich hatte jedoch danach einen zweijährigen "Kater" zu überwinden. In dieser Zeit war ich immer wieder auf dem Absprung in eine Klinik. Die Vernunft siegte jedoch, und ich machte aus allem das Beste. Wichtig war, mit allen Kollegen, mit denen eine Zusammenarbeit erforderlich war, in einem guten Kontakt zu stehen, was mir auch in allen Fällen, wo ich zu arbeiten hatte, bestens gelang. Der vertrauensärztliche Dienst war ja im allgemeinen bei der Collegenschaft nicht besonders beliebt und nicht besonders gut angesehen. Ich versuchte bei der Landesversicherungsanstalt Hannover, die Art und Weise des vertrauensärztlichen Dienstes grundlegend umzustellen und damit in ein rechtes Licht zu bringen.

Der Vertrauensarzt sollte nicht mehr als "Gesundschreiber" angesehen werden und verrufen sein. Die Aufgabe des Vertrauensarztes mußte so gestaltet werden, daß er grundsätzlich nur die Gesundheitsinteressen der Menschen vertrat und nicht ausschließlich die finanziellen Interessen der Betriebe und Krankenkassen.
Der vertrauensärztliche Dienst wurde dann folgendermaßen organisiert: Alle Krankenkassen überließen mir sofort nach Erhalt die Arbeitsunfähigkeitsbescheinigungen der krankgeschriebenen Mitglieder. Ich prüfte sogleich, welche Patienten von den Krankenkassen sofort vorzustellen seien, damit eventuell die Diagnose gestellt oder erweitert werden konnte

und um eventuell weitere Vorschläge machen zu können. Dies war also für Patienten, für die noch etwas von einer Arztseite aus getan werden konnte oder mußte, ohne den behandelnden Arzt gegenüber den Patienten in ein unschönes Licht zu stellen, erfreulich. Patienten, die wegen einer geringfügigen Erkältung usw. für arbeitsunfähig erklärt wurden und voraussichtlich nach wenigen Tagen ihre Arbeit wieder aufzunehmen in der Lage waren, sollten nicht die Wartezimmer des Vertrauensarztes füllen und ihm kostbare Zeit wegnehmen. Grundsätzlich sei gesagt:

1.) Der Vertrauensarzt ist ein Arzt, der sowohl das Vertrauen des Patienten, als auch das Vertrauen der Kassen genießen muß.
2.) Dem Vertrauensarzt sollen nur *die* Patienten von den Kassen aus vorgestellt werden, die vom Vertrauensarzt nach Durchsicht der Arbeitsunfähigkeitsbescheinigungen der Kasse vorgeschlagen wurden.
3.) Arbeitsunfähiggeschriebene, die aller Voraussicht nach nur wenige Tage vom Arbeitsplatz wegbleiben, sollen nur von den Kassen einbestellt werden, wenn sie sehr oft und nur wenige Tage bei den Kassen eine Arbeitsunfähigkeitsbescheinigung vorlegen.
In diesen Fällen ist es erforderlich, zu ergründen, ob es sich um eine chronisch-rezidivierende Erkrankung handelt oder um "Gefälligkeitskrankschreibung", die doch ab und an einmal zu beobachten war.
4.) Aufgabe des Vertrauensarztes ist, wie oben schon gesagt, die Diagnose und den Befund zu überprüfen und diese gegebenenfalls zu ergänzen oder abzuändern.

Ich blicke auf eine zwanzigjährige Vertrauensarzttätigkeit in Buxtehude und auf eine gleichzeitige zehnjährige Vertrauensarzttätigkeit in Bremervörde zurück. In bin nie ein sogenannter "Gesundschreiber" gewesen, sondern ich habe im Sinne eines verantwortungsbewußten Arztes gehandelt.
Die Bezeichnung "Diensstelle" konnte ich übrigens niemals leiden, sondern hätte es liebend gern gehabt, wenn man dafür das Wort "Untersuchungsstelle" oder "Beratungsstelle" gewählt hätte. Genauso wenig leiden mochte ich den Namen "Vertrauensarzt"; lieber wäre es mir gewesen, wenn man mich "Beratungsarzt" genannt hätte. Das nur nebenbei.
Die Zahl der Patienten, die durch meine Dienststelle gingen und denen dort in irgendeiner Art und Weise zusätzlich geholfen werden konnte, ist meines Erachtens nicht klein gewesen. Da ich gleichzeitig mit mehreren Krankenhäusern in engem Kontakt stand, war es mir möglich, in so

manchem Fall die notwendig werdende Krankenhauseinweisung zu erwirken.
An einen besonderen Fall denke ich noch: Der Patient eines Facharztes für Orthopädie klagte seit langem über therapieresistente starke Schmerzen im Bereich des rechten Schulter-Arm-Bereiches.
Jedwede Therapie war erfolglos. Ich dachte in diesem Fall auch einmal an die Möglichkeit des Bestehens eines Pancoast-Tumors im Bereich der Lungenspitze und empfahl die alsbaldige Computertomographie. Nach wenigen Tagen rief mich der Radiologe an und gratulierte mir zu der gestellten Verdachtsdiagnose Pancoast-Tumor, die sich bestätigt hatte.
So könnte ich über eine große Reihe von Fällen berichten, wo durch die vertrauensärztliche Tätigkeit etwas Gutes für die Patienten getan werden konnte, bzw. getan wurde. Auf diese Weise verlor das Wort "Vertrauensarzt" einen gewissen bitteren Beigeschmack, und ich durfte erleben, daß sich Krankenkassenmitglieder oder deren Familienangehörige bei ihrer Krankenkasse meldeten und um Untersuchung durch mich baten.
Ich habe es dann auch weniger als Lob denn als Bedrückung empfunden, als mir meine medizinisch-technische Assistentin mitteilte, daß der oder jener Patient geäußert habe, durch mich erstmals gründlich untersucht worden zu sein. Trotzdem spornte mich dies in meiner Arbeit weiterhin an.

In zwei Fällen wurden mir Patienten mit einer Hepatitis B nach Fremdblutinfusionen im Rahmen einer stationären chirurgischen Behandlung vorgestellt. Es ging mir nun darum, ob die Krankenhäuser regreßpflichtig zu machen sind. Ich setzte mich diesbezüglich mit mehreren Blutbanken in Verbindung und erfuhr, daß man damals (in den 60er und 70er Jahren) die Hepatitis B im Fremdblut nicht erkennen konnte.

So setzte ich mich mit dem maßgeblichen Kollegen mehrerer Krankenhäuser in meinem Arbeitsbereich in Verbindung und diskutierte mit ihnen die Eigenblutinfusionen. Bei Operationen, die aufschiebbar sind und bei denen aller Voraussicht nach Blutinfusionen notwendig sein werden, kann man, wie ich vorschlug, in wöchentlichem Abstand 4 bis 5 Blutentnahmen bei dem Patienten vornehmen, um diesen Patienten dann ihr eigenes konserviertes Blut wieder zuführen zu können. Ich habe große diesbezügliche Diskussionen geführt. Inwieweit man meinem Vorschlag damals folgte, habe ich nicht in Erfahrung bringen können. Heute hat die Medizintechnik bekanntlich Vorrichtungen entwickelt,

mit denen vor allem stärkerer Blutaustritt während einer Operation sofort aufgenommen und dem Patienten wieder rückinfundiert werden kann.
Daß in neuester Zeit diese Maßnahmen bei den Zeugen Jehovas nicht mehr möglich sind, ist eine unmenschliche Verurteilung durch den Glauben. Wie bei diesen Menschen lebenserhaltende Maßnahmen ergriffen werden können, ist mir nicht bekannt.

Neben meiner privaten Sprechstundentätigkeit (Terminpraxis, wie bereits ab 1945), die mir viel Freude bereitet hat und in der ich in der gleichen Weise arbeitete wie in meiner Praxis von 1945 bis 1950, war ich in der Zeit von 1963 bis 1983 als chirurgischer Gutachter für die Sozialgerichte und für einige Rechtsanwälte tätig. Auch diese Funktion war mir sehr willkommen, da ich ja dabei vorwiegend mit chirurgischen und orthopädischen Problemen konfrontiert wurde.
Diese Tätigkeit nahm erfahrungsgemäß schon wegen der zum Teil beträchtlichen Umfänge viel Zeit in Anspruch, auch weil wissenschaftliche Literatur erworben und studiert werden mußte.

Nach 1980 wurde ich als Unfallgutachter beim Haftpflichtverband der Deutschen Industrie im Rahmen der Volkswagenwerke Kassel, Braunschweig, Salgitter und mitunter auch in Wolfsburg bestellt. Auch diese Tätigkeit war ein gewisser Ersatz für die chirurgische Kliniktätigkeit. Im Rahmen dieser Aufgabe mußte ich jeweils in die drei bis vier Werke fahren und hatte dort alle Unfallverletzten (nicht nur Arbeitsunfälle) nach Ablauf einiger Monate nach dem Unfall zu untersuchen, um festzustellen, welche Unfallfolgen für dauernd zurückge blieben waren. Danach wurden die Unfallverletzten im Rahmen der Gliedertaxe einmalig finanziell entschädigt. Diese Tätigkeit endete mit Dezember 1992.

Einer weiteren ärztlichen Tätigkeit ging ich zusätzlich als anerkannter Betriebsarzt nach. Schon in der ehemaligen DDR betreute ich in den Jahren 1945 bis 1949 eine Maschinenfabrik. In Buxtehude war ich elf Jahre als Betriebsarzt in einer Fabrik für Elektrotechnik und Feinmechanik tätig und seit zwölf Jahren bis heute in einem Werk für Stahl-und Kunststoffverarbeitung. Seit April 1993 betreue ich betriebsärztlich noch einen umfangreichen und gut sortierten Baustoffbetrieb. Somit übe ich diese berufliche Nebentätigkeit als Betriebsarzt bereits ca. 30 Jahre aus und war in der Lage, in allen Betrieben für die Arbeitnehmer in Verbindung mit den Betriebsleitungen und Betriebsräten Gutes zu bewirken. Die Betriebsleitungen haben zu meiner Freude alle meine Wünsche erfüllt, die für die Sicherheit und Gesunderhaltung der Arbeitnehmer erforderlich waren und noch sind.

Nicht nachvollziehbar und ein Ärgernis ist die Bestimmung, daß wir Betriebsärzte bei arbeitsunfähigen Kranken die Diagnose der bestehenden Erkrankung nicht erfahren dürfen, während die Krankenkassenangestellten durch die Vorlage der Arbeitsunfähigkeitsbescheinigungen in jedem Falle die Krankendiagnose wissen dürfen. Wenn das Gesundheitsministerium in Bonn von den Betriebsärzten verlangt, für die Gesunderhaltung der Arbeitnehmer Sorge zu tragen und zu erforschen, welche Krankheiten arbeitsbedingt und arbeitsplatzbedingt sind, dann müssen auch die Damen und Herren vom Gesundheitsministerium dafür Sorge tragen, daß den Betriebsärzten *vertraulich* die Krankheitsdiagnose bei Arbeitsunfähigkeit bekannt gegeben wird. Wenn ich auch nahezu täglich eine Stunde lang die Arbeitsplätze begehe und mit vielen Arbeitnehmern spreche, so ist damit doch nicht die automatische Erkenntnis schädlicher Arbeitsbedingungen verbunden. Es ist deshalb an der Zeit, daß ministeriell bestimmt wird, auch den Betriebsärzten die Diagnose der Arbeitsunfähigen bekannt zu geben. Der Betriebsarzt ist doch in jedem Fall an seine ärztliche Schweigepflicht gebunden, und zwar gegenüber jedermann, auch gegenüber der Betriebsleitung und dem Betriebsrat. Der Betriebsarzt kann dann eventuell nur in Einzelfällen dafür Sorge tragen, daß ein Arbeitnehmer aus gesundheitlichen Gründen einen Arbeitsplatzwechsel erfährt, ohne daß der Betriebsleitung die Krankheitsdiagnose mitgeteilt wird. In den Betrieben, Praxen und Kliniken, überall unterliegt ein Arzt der ärztlichen Schweigepflicht. Dies ist eine vornehme und unumstößliche Berufspflicht.

Wie ich oben schon berichtete, hatte ich vor Kriegsbeginn den Wunsch, die Universitätslaufbahn für das Gebiet der universellen Chirurgie einzuschlagen. Leider hat das Kriegs-und Nachkriegsgeschehen diesen meinen Wunsch zerschlagen. Als kleinen Ersatz für das Dozieren habe ich viele Jahre regelmäßig und in vielen Orten Niedersachsens Vorträge gehalten, vor allem auf den Gebieten der Chirurgie und Orthopädie. Ich bin noch im Besitz aller diesbezüglichen Unterlagen, die 400 Seiten umfassen. So habe ich meinen Kummer über den Verlust der Klinik wenigstens teilweise kompensieren und überstehen können. Es freute mich, daß ich als guter Referent gefragt war.

Epilog

Damit ist mein Bericht über mein privates und berufliches Leben zu Ende. Das soll nicht heißen, daß ich mich mit meinen bald 80 Jahren auf das Altersruheteil zurückziehen werde.
Ich werde weiterhin in Praxis und in den genannten Betrieben ärztlich tätig sein, solange mir die körperliche und geistige Kraft erhalten bleibt. Für Letzteres ist ständiges Arbeitstraining, auch in Form ausreichender Fortbildung, erforderlich, teils durch Teilnahme an Kongressen, teils durch vielseitiges Literaturstudium.

Überall, wo bei meiner Anwesentheit ärztliche Hilfe benötigt wird, werde ich einsatzfreudig bereit sein aus Liebe zu den Menschen. Immer wenn ich unterwegs bin, bin ich automatisch "Arzt im Dienst". Seit 1960 bin ich im Rahmen des ADAC Mitglied des Kameradschaftsdienstes für Hilfeleistungen auf der Straße. Für viele Hilfeleistungen verlieh mir der ADAC die bronzene und silberne Rettungsmedaille, die mich auch heute noch zur aktiven Unfallhilfe verpflichtet. Für Notfälle führe ich in meinem Wagen ausreichend Hilfsmittel mit, unter anderem ein Notoperationsbesteck und Blutersatzmittel für mehrere Unfallopfer.

Ich halte auch dann bei Unfällen auf der Straße, wenn bereits Polizei und Unfallwagen zur Stelle sind, da ich nicht weiß, ob auch ein Unfallchirurg am Unfallort anwesend ist. Wenn alle Kraftfahrer, die ja in der Ersten Hilfe ausgebildet sein müssen, so verfahren würden, könnte so manches Menschenleben gerettet werden.

Bevor ich mit meinem langen Bericht zu Ende komme, drängt es mich nochmals, vielen Menschen von Herzen Dank zu sagen. Meiner Frau danke ich für ihre stete Hilfe, für ihre Geduld mit mir, wenn so oft meine beruflichen Aufgaben Vorrang vor allem Privaten hatten und noch haben. Dank sage ich ihr auch für manchen guten Rat. Mein herzlicher Dank gilt allen den auch oben bereits genannten Mitarbeitern, die während meiner über 50-jährigen beruflichen Tätigkeit getreulich an meiner Seite standen und so oft persönliche Wünsche in den Hintergrund stellten. Was wäre ich ohne diese Menschen auf dem langen beruflichen Weg gewesen und wie hätte ich meine ärztlichen Pflichten in vollem Umfang und kunstgerecht zum Wohle der kranken und auch gesunden Menschen nachkommen können? Also sage ich nochmals

Dank und Anerkennung meinen Mitarbeitern, die teilweise nicht mehr unter den Lebenden weilen.

Im Rückblick bin ich dankbar für mein erfülltes und gutes Leben. Wie sehr ich dabei meiner alten liebgewonnen Klinik noch immer verbunden bin, zeigen meine Träume. So wandele ich nachts noch einmal über die altgewohnten Flure des Krankenhauses, mache Visiten, halte Sprechstunden ab und führe mehr oder weniger lange Gespräche mit meinem alten verehrten Chef, dem ich mein Leben lang zu allergrößter Dankbarkeit verpflichtet war und bin.

Ich bitte meine Leser sehr herzlich, die Erinnerungen meines Lebens so aufzunehmen wie sie in Dankbarkeit und Bescheidenheit niedergeschrieben sind.

Als Arzt werde ich wirken, solange mir unser Herrgott meine Kraft und Fähigkeit bewahrt. Und meine Grundsätze werden sein:

1.) Beginne niemals aufzuhören, und höre niemals auf, zu beginnen!

2.) Die Arbeit kann manchmal wohl eine Last sein, jedoch ist sie in fortgeschrittenen Lebensjahren in reduziertem Umfang oftmals eine wundersame Therapie.

3.) Und mit A.E. Johann (Wollschläger) sage auch ich: "Ich kann im Hinblick auf den zweiten "Vorruhestand" Ruhe und Urlaub nur als Pause herrlich empfinden, nicht aber als Ende meiner Aktivität".

Anhang

Aus dem chirurgischen Alltag, besonders auch in schweren Zeiten.

Niedergeschrieben von einem Arzt aus Leidenschaft, nicht von einem *Halbgott in Weiß*; Erinnerungen aus meinen aktiven Berufsjahren als Chirurg, teilweise vergleichend und ergänzt mit neuen Methoden und Erkenntnissen.

Im ersten Teil meiner Lebenserinnerungen habe ich die Berichte aus meiner Zeit als Chirurg nur in wenigen Punkten gestreift. Deshalb drängt es mich, die vielen Erlebnisse meiner Tätigkeit in der kleinen, mittleren und großen Chirurgie, sowie in der Gynäkologie und Geburtshilfe zu Papier zu bringen.
Der Arzt steht mit seinen ihm anvertrauten Patienten in steter und inniger Wechselbeziehung, und dies rund um die Uhr, und Gnade und Herzensgüte und Barmherzigkeit stehen dabei als nicht hinwegzudenkende Voraussetzung im Vordergrund. Das menschliche Mitempfinden charakterisiert den Arzt aus Leidenschaft. Die Leidenschaft als Arzt sollte jedoch nicht den kategorischen Imperativ von Immanuel Kant außer acht lassen, nach dem man so handeln soll, daß die Maxime meines Willens jederzeit zugleich Prinzip einer allgemeinen Gesetzgebung sein könnte. Das Vertrauen des Patienten zu seinem Arzt wird so wohl als wunderbar empfunden, ist aber für den Arzt auch oftmals unendlich belastend.

Ich besaß zu allen Zeiten meines ärztlichen Tuns und Handelns eine umfangreiche Bücherei, zum Teil in Form einer vielseitigen Zeitschriftenliteratur. Ich war immer bestrebt, auf meinen Fachgebieten auf dem Laufenden zu bleiben und besuchte Kongresse im Inland und im Ausland (am liebsten in der Schweiz), oder ich bestellte die jeweiligen Kongreßberichte.

Meine erste sehr umfangreiche Bibliothek besaß ich in der ehemaligen DDR, die ich dann durch meine Flucht nach Westdeutschland schweren Herzens zurücklassen mußte.

Eins meiner wichtigsten Bücher, herausgegeben von R. Stich und K.H. Bauer, trägt die Überschrift "Fehler und Gefahren bei chirurgischen Operationen." Diese zwei dicken Bände hatte ich immer zur Hand und habe jede, vor allem größere Operationen, mit ihnen vorbereitet. Zu meiner großen Freude konnte ich diese beiden Bände anläßlich eines Kongresses für Unfallheilkunde in Lausanne antiquarisch erneut kaufen.

Gnade und Herzensgüte sollten stets mit den Gedanken an Tod und Sterben verbunden sein. Die meisten Menschen sind heutzutage geneigt, die Gedanken an Tod und Sterben soweit als möglich von sich wegzuschieben. Zu Zeiten der Großfamilien gingen die Sterbenden im Schoß der Familie von diesem Leben in das andere Dasein, wie und wo es auch immer vor sich geht.

Der Tod bleibt für jeden von uns in alle Ewigkeit das einzig gewisse Ereignis, wie es auch die Bibel mit den Worten "Herr, lehre uns bedenken, daß wir sterben müssen, auf daß wir klug werden", verkündet.
Heutzutage beenden die meisten Menschen, fern von den Ihrigen, ihr Leben hinter den "kalten Mauern eines Krankenhauses." Wie ich schon im ersten Teil meiner Memoiren schrieb, wurde den Sterbenden eine ganz besondere Beachtung und Betreuung zuteil. Der Sterbende befand sich zumeist in einem besonders schön ausgestatteten Einzelzimmer; keinesfalls beendete ein Sterbender sein Leben in einem Bad oder einer Abstellkammer!.

Wichtig und menschlich für den Ablebenden ist die Sterbehilfe und die Sterbebegleitung. Der Freund Hein, und oftmals kam er als Freund, darf nicht die Hände eines Dahinscheidenden ergreifen, der in den Stunden seines Ablebens von Schmerzen und körperlicher und seelischer Pein gequält wird. Die Sterbehilfe hat die Aufgabe, den Ablebenden jede Form von Schmerz und Qual zu nehmen. Wozu liefert uns die Mutter Natur die Schmerz und Qualen nehmenden Mittel, die gerade für diese leidenden Menschen uns von der Natur geschenkt und zur Verfügung gestellt werden. Die Behauptung ist völlig unverständlich, der gequälte Kranke und eventuell sterbende Mensch könnte zum Morphinisten werden! Diese die Schmerzen und Qualen nehmenden Medikamente sind, in normalen Dosen verabreicht, unbedingte Hilfsmittel und müssen als unerläßlich zu bezeichnet werden. Es darf allerdings nicht Aufgabe der Ärzte sein, ein Leben durch Überdosierung, zum Beispiel von Morphium, zu verkürzen; keinem menschlichen Wesen kann eine solche

Autorität zugebilligt werden, ohne daß es in Gefahr gerät, seiner Urteilskraft mehr zuzumuten, als sie zu leisten vermag. Jeder erfahrene Arzt kennt Zustände, die in diesem Sinn als euthanasiereif einzuschätzen sind, und die sich dann aber doch als noch gutartig und lebensfähig herausstellen können.

Schon im ersten Teil meiner Erinnerungen sprach ich für eine menschenwürdige und menschliche Sterbebegleitung. Ich sage noch einmal, wie schon im ersten Teil meiner Niederschrift, laßt niemals, wenn möglich, einen Menschen von diesem Leben in das andere Leben allein hinübergehen!
Der Sterbende ist auf diesem Weg zu begleiten, und ich bin mir aufgrund eigener Erfahrungen ganz und gar gewiß, daß der bereits im Koma befindliche Mensch die Berührung seiner Hände empfindet und ich bin mir auch gewiß, daß der Sterbende jedes Wort hört, was in seiner Umgebung gesprochen wird. Deshalb sollte man Vorsicht walten lassen und jedes Wort vermeiden, was den Sterbenden unnötig in Unruhe versetzen könnte.

Der Sterbende, auch schon der im Koma Liegende, merkt genau, wenn ein Mensch an seinem Bett sitzt, um ihm seelischen Beistand zu geben. Ich erinnere mich an das Sterben meiner 96jährigen Mutter. Ich saß zwei Tage und Nächte an ihrem Bett, um sie auf ihrem Heimweg zu begleiten. Obwohl sie in einem tiefen Koma lag, merkte sie, wenn ich mich vom Stuhl erhob. Sogleich erhob sie ihren Arm, als wollte sie sagen "Bleib noch hier".

Ich wiederhole noch einmal, daß die Sterbehilfe und Sterbebegleitung menschlich und ärztlich unerläßlich sind. Professor Dr. Nissen schrieb in seinem Buch "Leben und Tod" den nachdenklichen Satz: "Der Tod ist der Horizont unseres Lebens; aber der Horizont ist nichts anderes als das Ende unserer Sicht." Professor Dr. Nissen schrieb zum Thema "Wie und wo steht der Arzt zwischen Glauben und Heilen?" Diese Beziehungen entwickeln sich weitgehend ohne Zutun des Arztes. "Es ist verständlich, daß vom Kranken der Heilungserfolg als Gnade Gottes dankend empfunden wird. Warum unter diesen Voraussetzungen der Dank nicht dem Arzt gilt, ist begreiflich; daß aber der Mißerfolg ihm in jedem Falle angelastet wird, ist weniger verständlich, aber - es ist so."
Nicht nur einmal wurde ein Chirurg für nicht hervorragend gehalten, wenn ihm auch von 100 Operationen 99 Operationen gut gelungen waren, die hunderste Operation jedoch aufgrund gravierender Umstände

nicht gelingen konnte. Das ist das Schicksal eines jeden Chirurgen, das ihn aber nicht verzagen lassen darf.

Ein schier endloser Zug von Menschen war in meine Praxis oder in die Klinik gekommen, herausgerissen aus dem Getriebe ihres Daseins durch den "Zufall" einer Krankheit, und sie suchten Hilfe, Rettung, Heilung.

Aus diesem endlosen Zug habe ich einige Menschen exemplarisch vorgeführt, um ihre Krankengeschichte, die erforderlich gewesene Behandlung und die letztliche Heilung oder den ärztlich-menschlichen Mißerfolg aufzuzeigen.

Ich berichte noch über folgende Fälle:

Fall 1:

An einem Sonntagnachmittag wurde ein ca. zwölfjähriger Junge als Notfall in die Klinik eingeliefert. Er war in einem Nachbarort, ohne nach rechts und links zu sehen, mit dem Kopf nach vorn, über eine Hauptstraße gerannt. Dabei kam es zum Aufprall des Kopfes gegen den Türgriff eines vorbeifahrenden Autos, so daß es zum Abbruch dieses Griffes kam. Der herbeigerufene Arzt wies den nicht bewußtlosen Jungen sofort stationär ein.

Ich fand im Bereich der Schädeldachhöhe einen offenen Einbruch von ca. 4 x 4 cm. Der Junge war ansprechbar und brachte keine Klagen vor. Ich operierte den Jungen sofort in örtlicher Betäubung. Ich entfernte die zerfetzte Kopfschwarte und sah, daß die einzelnen Schädelknochenteile wie bei einer zerteilten Mandarine durch die harte Hirnhaut ins Gehirn eingedrungen waren. Die Hirnhäute waren ebenfalls zerfetzt. Die einzelnen Knochenstücke wurden aus der Tiefe herausgezogen, tiefer gelegene kleine Blutungen wurden durch Silberclips gestillt und die zerfetzten Hirnhautpartien wurden sorgfältig entfernt. Während der ganzen Operation habe ich mich laufend mit dem Jungen unterhalten, um evtl. zentrale Hirnschäden erkennen zu können. Nun ging es daran, die zerfetzten Hirnhautpartien zu ersetzen. Nach dem Motto: "Warum in die Ferne schweifen, sieh, das Gute liegt so nah", wurde aus der Oberschenkelfascie ein ausreichendes Stück herauspräpariert, und damit wurde der Hirnhautdefekt verschlossen.

Damit dieser Hirnhautersatz nicht in die Tiefe verlagert wurde, wurde er zirkuszeltförmig nach oben fixiert. Die chirurgische Versorgung der Kopfschwarte war einfach.
Nach Abschluß der operativen Versorgung dieser unschönen Schädel-Hirn-Verletzung war der Junge bei vollem Bewußtsein, und man konnte sich unbehindert mit ihm unterhalten. Nach komplikationslosem Heilungsverlauf konnte der Junge nach sechs Wochen aus stationärer Behandlung und Beobachtung entlassen werden. Alle Nachuntersuchungen waren unauffällig. Ich traf den Vater zwei Jahre später beim Skilaufen. Er berichtete mir, daß es dem Jungen in jeder Beziehung gut gehen würde. Merkwürdig war, daß sich kein Elternteil irgendwann und irgendwie bei mir bedankt hat! Auch so können Menschen sein!

Als Wichtigstes an dem Befund erschien, daß bei der Einlieferung und auch später kein Druckpuls vorhanden war, das Anzeichen eines erhöhten Binnendruckes in der Schädelkapsel und damit Zeichen einer Blutung gewesen wäre, zum Beispiel aus der zerrissenen Arteria cerebri media.

Fall 2:

Gegen Abend wurde ein ca. dreijähriges Mädchen im Auto eingeliefert. Dieses Kind saß natürlich nicht angegurtet auf dem Hinter- sitz rechts, also hinter dem Beifahrersitz. Der Beifahrersitz war anscheinend sehr weit nach vorn geschoben gewesen, so daß die Sitz- schiene, nach hinten oben spitz zulaufend, frei lag. Durch ein plötzliches hartes Bremsen fiel das Kind nach vorn unten und mit dem Schädel auf die freiliegende Sitzschiene.
Es muß dabei zu einer regelrechten Aufspießung des Kopfes auf die freiliegende Sitzschiene gekommen sein. Das Kind wurde sofort in die Klinik eingewiesen. Es bestand keine Bewußtlosigkeit. Im Bereich der Scheitelhöhe fand man lediglich eine ca. 2 cm große Kopfschwartenverletzung. Klinisch konnte keine Knochenverletzung des Schädels festgestellt werden. Erst auf den Röntgenaufnahmen in mehreren Ebenen erkannte man, daß der Sitzschienenspieß den Schädelknochen durchstoßen hatte. Das Kind wurde dann sofort in örtlicher Betäubung operiert. Nach ausreichend großer Darstellung der Schädelcalotte sah man den knöchernen Bruch. Dieser mußte erweitert werden, um die Hirnhautverhältnisse überprüfen zu können. Auch in diesem Falle war es zu einer Verletzung der Hirnhaut gekommen, die nach Exzision ebenfalls

durch ein Stück der Facia lata aus dem rechten Oberschenkel gedeckt wurde, nachdem die Überprüfung der Tiefe keine Hirnmassenverletzung erkennen ließ.
Auch während dieser Operation habe ich mich laufend mit dem Kind unterhalten können. Nach mehreren Wochen konnte das Kind dann beschwerdefrei aus stationärer Behandlung entlassen werden. Weiter konnte es nicht beobachtet werden, weil die Eltern mit dem Kind in eine andere Ortschaft verzogen waren.
Auch in diesem Fall konnte kein Druckpuls beobachtet werden. Es bestand also kein Anzeichen eines erhöhten Binnendruckes in der Schädelkapsel durch eine Blutung.

Fall 3:

Hier handelt es sich um ein schweres Schädel-Hirn-Trauma mit tödlichem Ausgang. Es ging um einen jungen Mann, der als Helfer in einem Kahnschaukelbetrieb kassierte. Als ihm ein Geldstück aus der Hand fiel und er sich bückte, um dieses aufzuheben, schlug eine von oben hinten kommende Kahnschaukel gegen seine hintere Schädelgrube. Es kam zu einer ausgedehnten offenen Schädelverletzung im hinteren Schädelbereich (hintere Schädelgrube). Das ausgesprochen große eingesprengte Knochenstück wurde entfernt und nach relativer Blutstillung sah man, daß sich im Bereich des Hirnstammes ein ausgedehntes Haematom entwickelte hatte. Der Patient war und blieb tief bewußtlos. Eine Tracheotomie mußte angelegt werden. Im Laufe der folgenden Tage entwickelte sich eine massive Lungenentzündung, und der Patient starb, ohne das Bewußtsein wiedererlangt zu haben.

Fall 4:

An einem Vormittag fuhr ein ca. sechzehnjähriges Mädchen unterhalb des Krankenhauses mit ihrem Fahrrad und geriet aus unbekanntem Grund gegen einen Baum. Sie erlitt eine ausgedehnte Wunde im Bereich des linken Scheitelbeines, die im Krankenhaus chirurgisch versorgt wurde. Wie alle Schädeltraumen, wurde auch dieses Mädchen zunächst für 24 Stunden zur Beobachtung stationär aufgenommen. Und dies war gut und lebenserhaltend für die Patientin; denn nach 15 Stunden beobachtete die Nachtschwester einen Druckpuls von weniger als 50 Schlagen pro Minute. Weiterhin bestand eine tiefe und schnarchende

Atmung bei tiefer Bewußtlosigkeit. Das Mädchen war nicht mehr aufzuwecken.
Die Patientin wurde sofort operiert in Form einer ausreichenden Trepanation im Bereich des linken Scheitelbeines, und man fand ein ausgedehntes subdurales Haematom infolge sekundären Risses der Arteria cerebri media, jene Arterie, die zwischen dem Schädelknochen und der harten Hirnhaut eingebettet liegt und die auch nach einem Bruch des linken Schläfenbeines leicht einreißt. Ein typischer Vorfall. Gelegentlich kann es auch zu einer Blutung auf der Gegenseite durch Fortleitung der Gewalteinwirkung in der Schädelkapsel kommen. Auffallend war, daß die Augen des Mädchens extrem nach links gerichtet waren. Die Patientin "sah ihren Herd (Blutung) an". Typisch für das ganze Geschehen war das sogenannte klassische Intervall, bis es dann durch die sekundäre Blutung zu dem hohen Druck in der Schädelkapsel kam.
Nach der operativen Behandlung mit Ausräumung des großen Haematoms und Unterbindung der Gefäßrißstellen erholte sich die Patientin dann erwartungsgemäß. Obwohl das Mädchen nach dem Unfall über starke Kopfschmerzen klagte,untersagte ich die Gabe jedweder Medikamente, um das Bild nicht zu verschleiern. Bei derartigen Schädelverletzungen sind stärkere Schmerzmittel immer etwas gefährlich.
Wir entschlossen uns dann, jedes erlittene Schädeltrauma ohne besondere klinische Veränderungen für 24 Stunden stationär zu beobachten. Denn wir hatten von einem Fall erfahren, wo ein Malerlehrling seinem Kollegen mit einer leichten Tapetenrolle auf den Kopf schlug und der Junge dann nach Stunden die Symptome der Verletzung der Arteria cerebri media aufwies. Und da das Geschehen in den Abendstunden stattfand, legte sich der Verletzte ins Bett, und am Morgen fanden ihn seine Angehörigen tot vor. Es war in der Nacht nach dem typischen Intervall zu einem massiven subduralen Haematom gekommen, weswegen er tief einschlief und dadurch die notwendig gewesene Operation nicht stattfinden konnte).
Ich wiederhole: Wir haben uns entschlossen, jedes erlittene Schädeltrauma, auch ohne besondere klinische Veränderungen, 24 Stunden stationär zu beobachten. Während dieser 24 Stunden wird der Patient mindestens stündlich untersucht:
a) Er wird Tag und Nacht 1/2 bis stündlich aufgeweckt,
b) die Pulszahl wird alle halbe Stunde kontrolliert; denn von großer Wichtigkeit ist, wenn die Pulszahl unter 50 Schläge in der Minute absinkt. Es ist dann der sogenannte Druckpuls entstanden. Der

Druckpuls ist ein sicheres Zeichen, daß das Vaguszentrum durch hohen Druck in der Schädelkapsel gereizt ist.
c) Beobachtung der Augenstellung: Bei Blutungen im Schädelinneren sieht der Patient seinen Herd (Blutung) an. Das heißt, wenn es im Schädelinneren zu einer linksseitigen Blutung gekommen ist, sind die Augen nach links gerichtet und umgekehrt.
d) Stündlich sollte auch der Blutdruck gemessen werden.

Die operative Trepanation des Schädels ist sofort erforderlich, wenn der Patient bei tiefer und schnarchender Atmung nicht mehr zu wecken ist und sich ein ausgesprochener Druckpuls entwickelt hat. Da es in einem typischen Intervall zu einer lebensbedrohenden Gehirnblutung kommen kann, wurden bei uns alle Schädeltraumen, gleich welcher Art, mindestens für 24 Stunden stationär beobachtet.

Erklärten sich zum Beispiel die Eltern mit der stationären Beobachtung nicht einverstanden, bekamen sie ein Merkblatt in die Hand, wodurch sie folgendermaßen informiert wurden:

a) Der Verunglückte kommt zu Hause sofort ins Bett.
b) Ist der Patient eingeschlafen, muß er alle halbe bis 1 Stunde geweckt werden.
c) Ist der Patient mit tiefer und schnarchender Atmung nicht zu wecken und ist die Pulszahl dazu noch unter 50 Schläge in der Minute abgesunken, ist sofortige Klinikeinweisung als Notfall zu veranlaßen, da Lebensgefahr besteht und die sofortige Operation erforderlich ist.
Auch mit diesem Vorgehen sind wir gut gefahren.

Professor Dr. Nissen berichtete über folgenden Fall: "... der junge Mann schlägt mit der rechten Kopfseite an den Ofensims, ohne daß er mehr als einen kurzen Schmerz verspürte. Dann stellten sich leichte Kopfschmerzen ein. Er, der ein gewissenhafter Schüler war, verzichtete darauf, seine Schularbeiten zu machen, sondern er legte sich in das Bett, ohne etwas zu essen.
Am nächsten Morgen, als seine Mutter den Jungen wecken will, ist er nicht mehr aufzuwecken; er ist bewußtlos... In der Klinik stellte man alle klinischen Erscheinungen des rechtslokalisierten Hirndruckes fest und es bestand kein Zweifel, daß durch den banalen Unfall es zu einem Abriß der mittleren Hirnhautarterie gekommen war, der resultierende

Bluterguß hat die Hirndruckerscheinungen hervorgerufen. Der tödliche Ausgang konnte durch Entleerung des Blutergußes vermieden werden."

Fall 5:

An einem Sonntagmorgen holte ein junges Mädchen einen Eimer mit Kohlen aus dem Keller und stellte ihn in der Küche ab. Dabei brach sie bewußtlos zusammen. Sie wurde sofort in das Krankenhaus gebracht. Das Mädchen war noch immer tief bewußtlos mit tiefer und schnarchender Atmung. Am ganzen Körper beobachtete man eine sogenannte Strecklähmung. Die Augen des Mädchens waren extrem nach links gerichtet. Sie sah also ihren Blutungsherd an. Die sofort vorgenommene ausgedehnte Trepanation zeigte eine Massenblutung im Bereich der linken Hirnhälfte bei einem rupturierten Rankenangiom (Angioma arteriale racemosum oder Rankenaneurysma). Das junge Mädchen war rettungslos verloren, und es kam zum Tod auf dem Operationstisch (Mors in tabula).

Fall 6: *Mors in tabula.*

"Der Tod des Patienten auf dem Operationstisch ist der Schrecken aller Chirurgen. Nie wird uns die Fragwürdigkeit der ärztlichen Kunst deutlicher, als wenn der große Herr über Leben und Tod aus dem Schatten hinter uns hervortritt, die Hand hebt und unseren eifrigen Bemühungen Einhalt gebietet, indem er den Kranken unter unseren Händen hinweg zu sich ruft in jenes Reich, aus dem kein Wanderer wiederkehrt" (*Killian*).
Wie schrecklich ist es, wenn ein Kranker auf dem Operationstisch stirbt und der Chirurg danach den verzweifelten Angehörigen gegenübersteht.

Es wird ein kleines bildhübsches blondes Mädchen als Notfall eingewiesen. Vorausgegangen war, daß ihr, als sie auf dem Fußboden auf dem Rücken lag, ein Junge aus Spaß auf den Leib sprang. Äußerlich war von den Verletzungen nicht viel zu bemerken. Aber ihr Gesicht war blaß, von einem gespenstisch fahlen Grau, und die Augen mit den schwarzen, übernatürlich vergrößerten Pupillen wanderten blicklos hin und her. Das Kind atmete noch schwach, aber sie lag in tiefer Bewußtlosigkeit. Wir ahnten zu unserem Schrecken, daß vor uns sterbend eine "Moribunda" lag.

Das arme Kind wurde sofort operiert. Der Leib wurde durch einen langen Mittelschnitt eröffnet. Wir waren erschüttert, als wir erkennen mußten, daß es durch das schwere Bauchtrauma zu einem großen Riß im Bereich des Zwerchfelles gekommen war. Durch diesen Riß waren große Teile des Bauchrauminhaltes in die Brusthöhle verlagert. Durch Änderung der Operationstischstellung (Kopf hoch, Beine tief) gelang es, bei laufender Bluttransfusion, die Baucheingeweide wieder in den Bauchraum zu bringen und es gelang, mit großen Nähten den riesigen Zwerchfellriß zu verschließen. Als uns das gelungen war, hob Freund Hein seine Hand und stoppte unser weiteres Vorgehen. Er hatte Herz-Kreislauf zusammenbrechen lassen. Wir standen tief betroffen vor der kleinen Leiche, und ich gehe nicht fehl, daß ein jeder von uns, die wir um den Operationstisch versammelt waren, unter Tränen ein stilles Gebet in unserem Inneren sprachen.

Fall 7: *Nächtliche chirurgische Bastelstunde.*

Zu mitternächtlicher Stunde wurde ein Nachtschichtarbeiter aus einer Teppichfabrik eingewiesen, der mit der gesamten linken Hand (ohne Daumen) in eine laufende Teppichschermaschine gekommen war.
Ich erhob folgenden Befund: Die gesamten Weichteile, einschließlich Gefäße, Sehnen und Nerven im Bereich der Streckseite der Finger 2 bis 5, des Handrückens und des Handgelenkes waren mausfraßartig total durch die Schermaschine verlustig gegangen.
Es lagen die Fingerknochen 2 bis 5, die Mittelhandknochen 2 bis 5, und die dorsale Handwurzelregion bloß. Ich stand vor einem Rätsel und vor der erschreckenden Frage, ob der linke Arm oberhalb des Handgelenkes zu amputieren sei oder ob die Möglichkeit besteht, einen Handwurzelstumpf, gemeinsam mit dem Daumen, zu erhalten. Ich entschloß mich zu Letzterem, da ich mir sagte, daß die Amputation immer noch später durchgeführt werden kann.
Ich ging nun bei Vollnarkose folgendermaßen vor: Da die Hohlhand, einschließlich aller Finger, unverletzt waren, schälte ich aus den beugeseitigen Weichteilen die Knochen der Finger 2 bis 5, die Mittelhandknochen 2 bis 5 und einen Teil der Handwurzelknochen heraus, so daß zuletzt die Weichteillappen der Finger 2 bis 5 und die Hohlhandweichteile wie Lappen herunterhingen. Diese unversehrten und erhaltenen Hautabschnitte der Finger 2 bis 5 und Mittelhand schlug ich dorsalwärts und deckte damit die von Weichteilen entblößten Partien des Handgelenkes und eines kleines Teiles der Dorsalseite des

Unterarmes. Ich habe zur Deckung der freiliegenden Knochenpartien die nach oben verlagerten Weichteile der Beugeseite der Finger 2 bis 5 gegenseitig vernäht, so daß neben dem erhaltenen Daumen ein mit Haut gedeckter Handgelenksstumpf entstand. Ich bzw. der Patient, hatte Glück, daß die dorsalwärts hochgeschlagenen Fingerweichteile der Beugeseite, gegenseitig vernäht, reizlos verheilten. Der Patient hatte also einen erhaltenen Handgelenksstumpf und einen funktionsfähigen Daumen, wodurch er dann später in seiner Fabrik als Schichtschreiber tätig sein konnte. Die Kladde lag auf dem Handgelenksstumpf, fixiert mit dem funktionsfähigen Daumen, so daß er in der Lage war, mit der rechten Hand die Kladde schriftlich zu führen. Der Patient und ich hatten Glück; denn erfahrungsgemäß werden die volaren Fingerweichteile, von Knochen entblößt, nach oben geschlagen und miteinander vernäht, nekrotisch, was in unserem Falle zum Glück nicht geschah.

Zur Verbesserung der Durchblutung führte ich mehrere Stellatum-Blockaden durch, im täglichen Wechsel rechts und links.
Zum Glück konnte der Patient mit einem gut gepolsterten orthopädischen Handschuh links entlassen werden. Irgendwelche späteren Komplikationen traten meines Wissens nicht auf.
Dieses ganze Geschehen habe ich vielfach fotografieren lassen, auch vor und während und nach der Operation. Leider sind auch diese Fotos, wie überhaupt alle meine Unterlagen aus der Klinik, verloren.

Fall 8: *Eine Seltenheit.*

Es erschien ein Mann im mittleren Alter mit einem seit langem bestehendem riesigen Leistenbruch rechts, der größer war als ein Fußball und nahezu bis in die Kniegelenksgegend herunterreichte. Er hatte Angst vor der Operation und hatte den Leistenbruch über viele Jahre zu dieser Größe anwachsen lassen.
Die Narkose war schwierig, da er seinen gesamten Dünndarm durch die große Bauchwandlücke nach außen presste. In extremer Kopftieflage gelang es schließlich, alle Darmschlingen wieder in die Bauchhöhle zurückzubringen und die Operationswunde mußte mit mehreren Haken aufgehalten werden, damit der gewaltige Bruchsack abgetragen und die Bruchlücke kunstgerecht und fest verschlossen werden konnte. Während der Operation in extremer Kopftieflage und noch 24 Stunden später hing der Patient an einem Tropf und hat letztlich alles gut überstanden.

Da ich mit dem Fall 8 beim Abdomen angekommen bin, soll nun eine ganze Reihe von Erkrankungen im Bauchraum mit deren Behandlung besprochen werden.

Fall 9: *Das unklare Abdomen.*

Eingangs sei gleich betont, wie ich das bereits in meiner ersten Niederschrift forderte: Jedes unklare Abdomen gehört zur Untersuchung und eventuellen Behandlung sofort in eine Klinik! Unklare Bauchfälle sind oft höchst unangenehm und gefährlich. Oft vergehen sorgenvolle und unruhige Stunden für den Chirurgen,der um den Fall herumschleicht, wie die Katze um den heißen Brei.
Stündlich muß die axillar-rectale Temperaturdifferenz bestimmt werden, worüber ich schon in meinem ersten Teil eingehend schrieb. Normalerweise beträgt die axillar-rectale Temperaturdifferenz 0,5 Grad. Steigt die rectale Temperatur schneller an als die axillare Temperatur, ist unter allen Umständen an einen entzündlichen Prozeß im Unterbauch zu denken, vorwiegend im rechten Unterbauch, weswegen hier sofort an eine entzündliche Veränderung des Wurmfortsatzes gedacht werden muß.
Einer unserer chirurgischen Lehrmeister hat immer gefordert: "Herrschaften, im Bauch ist es dunkel, seht nach, wenn Zweifel bestehen. Dann könnt ihr nicht so leicht etwas versäumen!"
Wie ich bereits oben beschrieb, spazierte ein Kurgast unweit des Krankenhauses, als er plötzlich einen heftigen Schmerz im rechten Unterbauch verspürte, ohne vorher irgendwelche Beschwerden daselbst gehabt zu haben. Er wurde gleich ins Krankenhaus gebracht, und die sofortige Operation ergab eine bereits perforierte Appendix.
Wie ich bereits schrieb, ist die Appendix das Chamäleon in der Chirurgie. Es braucht nicht sofort ein im rechten Unterbauch lokalisierter Schmerz aufzutreten. Sehr oft beginnen die Schmerzen bei einer Wurmfortsatzentzündung im Oberbauch, um sich später in den rechten Unterbauch zu lokalisieren.
Im ersten Teil meiner Erinnerungen habe ich auch eingehend über die Appendix und Appendicitis geschrieben und immer wieder die Wichtigkeit betont, als eine der ersten Maßnahmen die axillar-rectale Temperaturdifferenz zu bestimmen. Ist diese Temperaturdifferenz bei der ersten Untersuchung höher als 0,5 Grad, das heißt zum Beispiel: Achselhöhlentemperatur mit 37 Grad normal bei einer rectalen Temperatur von 38 Grad, so muß man mit Sicherheit an eine

vorliegende Appendicitis denken und darf mit der operativen Maßnahme nicht zögern. Es muß sofort im rechten Unterbauch laparotomiert werden. Ist die axillar-rectale Temperaturdifferenz bei der Erstuntersuchung noch normal, muß stündlich nachgemeßen werden.
Im übrigen verweise ich auf den ersten Teil meiner Erinnerungen, wo ich gerade dieses Gebiet eingehend beschrieb. Zu ergänzen ist noch, daß auch bei einer normalen Leucozytenzahl eine acute Appendicitis bestehen kann.
Bei den Appendectomien mit der Diagnose "chronisch rezidivierende Appendicits" werden vielfach Wurmfortsätze entfernt, die völlig unauffälligen Charakter haben. Ich erinnere an das Buch "Wirbelsäule und Innere Medizin" von Werner Kunert.

Ich habe vor vielen Jahren zwei Patienten nach Appendectomie nachuntersucht. Aus dem Operationsbericht konnte ich entnehmen, daß die Appendix in keiner Weise krankhaft verändert war. Um der Sache auf den Grund zu gehen, ließ ich Röntgenaufnahmen der Brustwirbelsäule in zwei Ebenen anfertigen. Aufgrund dieser Aufnahme war es mir möglich zu sagen, daß die unklaren Schmerzen im rechten Unterbauch wirbelsäulenbedingter Natur waren.
Und so ist es möglich, daß vielerlei unklare Beschwerden im Abdomen ihre Ursache in Veränderungen im Bereich der Wirbelsäule haben.

Zur Technik der Appendektomie:

Ich habe in mehreren tausend Fällen den Pararectalschnitt rechts, weniger häufig den Wechselschnitt bevorzugt. Der Pararectalschnitt rechts hat den Vorteil, daß er bei atypisch gelegenen Wurmfortsätzen jederzeit erweitert werden kann, was beim Wechselschnitt nicht so einfach möglich ist. Ich denke hier vor allem an retrocöcal gelegene Wurmfortsätze.
Über die geringe Zahl von Komplikationen schrieb ich im ersten Teil meiner Erinnerungen.

Ich möchte im übrigen wissen, wie hoch die postoperativen Komplikationen nach Appendectomie bei dem laparoskopischen Verfahren ist. Bei der herkömmlichen Methode wird der Wurmfortsatz doppelt unterbunden und dazwischen durchtrennt. Der Wurmfortsatzstumpf wird dann mittels einer Tabaksbeutelnaht in das Coecum versenkt, was bei der laparoskopischen Methode nicht möglich ist. Folge ist, daß die Möglichkeit des Abgleitens der Stumpfligatur besteht und es dann zu einem mehr oder weniger massiven Douglas-Abszeß kommt, wie bereits anderweitig beschrieben wurde.

Zum Thema Bauchoperationen:

Professor Dr. Nissen sagte in seiner Basler Antrittsvorlesung: "Eine wesentliche Erfassung und Bewertung funktioneller Zustände haben besonders auf dem Gebiet der Baucherkrankungen mit einer operativen Vielgeschäftigkeit aufgeräumt, der früher viele unschuldige Wurmfortsätze, Gallenblasen, innere Geschlechtsorgane der Frau und sogenannte Verwachsungen zum Opfer gefallen sind". Auch hier verweise ich noch einmal auf das Buch von Werner Kunert.

Fall 10: *Die Gallenblase.*

Völlige Ausheilung der Gallenblasenbeschwerden gibt es nur durch die Gallenblasenoperation (chronische Entzündung; Gallensteine, die wohl durch Laserzertrümmerung beseitigt werden können; aber oft bilden sich erneut Steine und Bruchstücke der zertrümmerten Steine können den Hauptgallengang verstopfen und wiederum eine Gelbsucht verursachen.)
Ich habe in meiner aktiven Chirurgenzeit nur die Operation nach der alten Methode gepflegt. Bei jungen schlanken Menschen genügte ein relativ kleiner Paramedianschnitt rechts und die Operationsdauer betrug zumeist kaum mehr als 30 Minuten.
Bei adipösen Patienten bevorzugte ich den Rippenbogenrandschnitt, der etwas mehr Zeit in Anspruch nahm.

Mußte ich ältere Patienten (80 Jahre und älter) wegen Gallensteinkoliken mit Schädigung der Leber und stark herabgesetztem Allgemeinzustand operieren, bevorzugte ich die zweiseitige Operation, schon allein wegen der Kürze der Narkose. Zuerst wurde die Steingallenblase in die Bauchhaut eingenäht, und die Steine wurden entfernt. Danach wurde der Patient in einen befriedigenden Allgemeinzustand versetzt und die Leber wurde systematisch behandelt, bei schweren Fällen unter anderem mit Bluttransfusionen.
Hat sich der Patient dann befriedigend erholt, konnte ihm die zweite Operation in Form der Entfernung der Gallenblase zugemutet werden. So wurde das Risiko für die alten und geschwächten Menschen deutlich herabgesetzt.

Ich erinnere mich an einen ca. 50jährigen Patienten, der zu Hause wochenlang mit Gallenkoliken und Gelbsucht darniederlag (da ihm die Angehörigen untersagt hatten, sich ins Krankenhaus zu begeben), bevor er dann endlich in erschreckend reduziertem Allgemeinzustand und mit Ikterus und katastrophalen Leberwerten in stationäre Behandlung kam.
Dieser Fall wurde zunächst mit allen zur Verfügung stehenden Mitteln aufgebaut, vor allem auch lebermäßig, bis ich mich zunächst zur Einnähung der Steingallenblase in die Bauchhaut und zur Ausräumung der Gallenblase entschloß.
Nach langer Leberbehandlung entschloß ich mich dann zur Cholecystectomie. Im Verlauf dieser Operation blutete es aus allen Ecken und Kanten (nicht aus der Arteria cystica), sondern aus dem umgebenden Gewebe, vor allem aber aus der Leber. Mit großen Mengen Cagutspoon, wiederholt durchgeführt, konnte ich hier diesen verzweifelten Blutungen Herr werden. Die Nachbehandlung dieses Falles dauerte noch Monate bis der Patient nach Hause entlassen werden konnte. Hätte er sich sofort nach der ersten Gallenkolik im Krankenhaus gemeldet, wären ihm die katastrophalen Umstände erspart geblieben.

In diesem Zusammenhang nehme ich Stellung zur laparaskopischen Operation der Gallenblase:

Die Dauer des Eingriffs: Laparoskopisch bis 240 Minuten, bei Bauchschnitt mitunter unter 60 Minuten. Es wird unter Vollnarkose operiert: Bei langwierigen Laparoscopien muß deutlich länger narkotisiert werden. Das Narkoserisiko steigt. Für ältere Menschen mit Lungenerkrankungen und Herzerkrankungen ist eine Laparascopie deshalb nicht geeignet.
Die Verletzung des Gallenganges passiert bei der laparoskopischen Operation fünfmal so häufig wie beim normalen Bauchschnittverfahren.

Unlängst begutachtete ich eine Ballettmeisterin, die wegen einer chronischen Steingallenblase operiert werden mußte. Obwohl der Stein eine beträchtliche Größe aufwies, entschloß man sich erst zum laparoskopischen Vorgehen. Im Verlauf dieses Vorganges kam es zu einer massiven Blutung, weswegen der laparoskopische Versuch abgebrochen wurde und man die herkömmliche Operationsmethode bei der jungen und schlanken Frau anschloß. Das ganze Abdomen war voller Blut und eine ausgiebige Bauchspülung war erforderlich, bevor man dann im hergebrachten Sinne die Steingallenblase entfernte. Die postoperative stationäre Verweildauer war langwierig und die Patientin konnte ihre Tätigkeit als Ballettmeisterin erst naeh viel*en* Monaten wieder aufnehmen.

Meines Erachtens sollte eine Steingallenblase nur nach der hergebrachten Weise operiert werden. Die Vorteile sind: Kurze Operationsdauer und kurze Narkose; keine wesentliche Gefahr der Verletzung des Gallenganges; keine wesentliche Komplikationsmöglichkeit. Alte Menschen sollten, wie schon gesagt, nur nach der herkömmlichen Methode cholecystectomiert werden.

Fall 11: *Einige Worte zur Magenchirurgie.*

Ein Patient im mittleren Alter hatte einen subtotalen Magenausgangsverschluß. Nach Eröffnung des Abdomens tastete man einen großen derben Tumor im Bereich des Magenausganges. Eine große Operation stand bevor. Sie wurde umgangen, indem man den Befund im Bereich des Magenausganges beließ und dafür eine Gastroenterostomie mit Braunscher Anastomose anlegte. Die Gastroenterostomie funktionierte bestens und der Patient hat sich hervorragend erholt.
Man höre und staune: Die Röntgenkontrolle des Magens nach 1 Jahr ließ erkennen, daß der Kontrastbrei nahezu unbehindert den Magen auf normalem Wege verließ. Es muß sich also zum Zeitpunkt der Operation um einen massiven entzündlichen Prozeß im Bereich des Magenausganges gehandelt haben.

Fall 12: *Noch zum Magen.*

Ein Patient zwischen 50 und 60 Jahren wurde eingewiesen wegen eines ausgedehnten Magencarcinoms. Ich öffnete das Abdomen und fand zu meinem Schrecken ein ganz ausgeprägtes Carcinom, das sich bis zum Milzstiel und der Milz ausdehnte. Ich habe das ganze krebskranke Gebiet nicht angefaßt, *ließ nur die Sonne in den Bauch scheinen* und verschloß den Bauchraum wieder. Es handelte sich um ein inoperables Carcinom. Wäre ich unsinnig *mutig* gewesen und wäre zur Radikaloperation geschritten, wäre mit aller Voraussicht nach der Patient auf dem Operationstisch geblieben. Auch hätte ich dem Patienten geschadet, wenn ich unnötigerweise den Tumor mit Umgebung palpiert hätte (ich verfuhr nach dem Grundsatz: *noli me tangere!* (rühre mich nicht an!).

Nach zwei Wochen entließ ich den Patienten mit einer barmherzigen Lüge aus der stationären Behandlung. Ich stärkte seine Seele und sprach ihm Mut zu und, siehe da, der Patient hat im Kreise seiner Angehörigen, die ich auch nicht voll und ganz informiert hatte, noch zwei Jahre gelebt. So habe ich dem Patienten durch Unterlassung chirurgisch-manueller Handlungen und Kräftigung seiner Seele durch Mutzusprache ohne Zweifel zwei Lebensjahre geschenkt.

Anmerkung zur heftig diskutierten Aufklärungspflicht:

Ich erinnere daran, daß Carcinom-Patienten nach der Behandlung mitunter noch 5 bis 20 Jahre und länger leben können. Warum soll man ihm das schreckliche Wort Krebs gegen den Kopf schleudern, das danach Tag und Nacht, mitunter über viele Jahre, wie ein Damoklesschwert über seinem Haupt hängt und die Seele negativ beeinträchtigt und dadurch das Mesenchym schwächt, das wir so nötig in der Bekämpfung der Carcinom-Metastasen brauchen. Kläre ich einen Patienten über die Malignom-Diagnose auf, dann füge ich ihm Schaden zu. Dem Arzt ist es jedoch *verboten*, einem Menschen Schaden zuzufügen. Das ärztliche Handeln sollte nicht von den Doktrinen, sondern *von der Humanität* bestimmt werden.

Ich verweise auf das, was ich oben geschrieben habe, und betone nur noch einmal: Ein Jurist ist kein Arzt, und wenn ein Arzt kunstgerecht, ohne Schaden zuzufügen,wirkt, kann der Jurist nicht über diesen Arzt den Stab brechen. Wer die Forderung nach unbedingter Aufklärungspflicht auf die Spitze treibt und den Arzt, der nach humanen Prinzipien vorgeht, ins Unrecht zu setzen versucht, begeht nicht nur einen schweren Fehler. Er ist ganz einfach wirklichkeitsfremd; denn absolute Aufklärung zu geben ist undurchführbar.
Es gibt historische Quellen; denn die Frage ist alt wie die Medizin der Kulturvölker. Aus dem Werk des Charaka: "Auch darf dem Patienten von einem drohenden Ende nichts mitgeteilt werden", und Hippocrates fügt hinzu: "Von dem, was eintreten *wird* und dem Kranken *droht*, läßt man sich nichts merken; denn schon viele sind dadurch zum Äußersten gebracht worden."
Ein typischer Fall ist bekannt: Ein berühmter Forscher ließ sich eines Tages von einem Professor untersuchen, weil er Sorge um seine Gesundheit hatte. Er forderte den Professor auf, ihm die volle Wahrheit zu sagen. Als ihm dann das furchtbare Wort Krebs an den Kopf

geschleudert wurde, ging der Wissenschaftler nach Hause und schoß sich eine Kugel durch den Kopf!
Wer die volle Aufklärung eines Kranken verlangt, hat von der ärztlichen Ethik und Praxis keinerlei Vorstellung. Selbst eine bewußte Unwahrheit (barmherzige Lüge) oder eine Verschleierung der Wahrheit kann dem ängstlichen Kranken Mut und Trost spenden.

Wir brauchen nicht nur das Vertrauen des Patienten, sondern auch die Mithilfe zur Besserung oder Heilung. Ein verzweifelter Patient ist ein schlechter und hochgefährdeter Patient. Vorschriften für das Maß an Aufklärung zu erlaßen, ist hingegen abwegig. Die Gesetze sind ja auch zum Teil widersprüchlich und unterliegen ständiger Auslegung oder Änderung.

Über einen Fall besonderer Art will ich noch berichten. Ein junges blühendes Mädchen erkrankte an einem Milzsarkom, das lege artis operiert wurde. Wie es für einen jungen Menschen bei einer derartigen Krankheit weitergeht, weiß niemand, kann es nur ahnen. Das junge Mädchen wurde nach Hause zu ihren Eltern entlassen, ohne daß man ihr die Diagnose dargelegt hat. Auch den Eltern wurde nicht durch die brutale Eröffnung der Diagnose das zeitlich begrenzte Familienglück zerstört. Es wurde die Entwicklung der Dinge abgewartet, bis die Vorgänge selbst so zwingend waren, die Wahrheit zu bekennen.
Jedenfalls hatte das Mädchen mit ihren Eltern und die Eltern mit ihrem Kind noch eine beschränkte Zeit glücklichen Zusammenseins erleben können, bis dann die Wahrheit von selbst ans Tageslicht kam, nachdem die Eltern durch den Fortgang der bösartigen Erkrankung selbst den Zustand erkannten und sich mit ihm auseinandersetzen mußten.
Bei E. Gött steht geschrieben:"Die Wahrheit ist ein gar köstlich Gut, mit dem man behutsam umgehen soll. Die leisen Mahner des Gewissens sind gute Führer auch in Nacht und Nebel."

Fall 13:

Über einen weiteren traurigen Fall muß ich jetzt berichten. Ich besuchte vor Jahren einen Freund aus der alten Heimat. Es war ein freudiges Wiedersehen, bis er mir sagte, daß ihm alle Hemdenkragen zu eng geworden seien. Ich tastete seinen Hals und die Schilddrüse ab, ließ mir aber meinen Schrecken bei der Untersuchung nicht anmerken. Ich tat so, als ob die Sache nicht so schlimm sei. Wie sollte ich auch anders die

Angehörigen beruhigen? Denn ich fand eine blumenkohlartige derbe Struma, einen weit fortgeschrittenen Schilddrüsenkrebs.
Da sprechen unsere Juristen von der absoluten Pflicht der Aufklärung, aber keiner hat sich selbst in einer solchen Lage befunden. Wir sind keine Rechtsgelehrten, sondern Ärzte, und das ist etwas ganz anderes. Wir haben die Pflicht, in der Not zu trösten. Ich empfahl meinem Freund deshalb,in die Universitätsklinik Frankfurt zu fahren. Dort fand man bei der Knochenszintigraphie bereits viele Knochenmetastasen, und es verging nur eine kurze Zeit, bis ich die Mitteilung mit dem schwarzen Rand bekam.
Ich sagte also nichts über meine Diagnose: Bösartige Geschwulst, nannte nicht das furchtbare Wort Krebs, das Erschrecken und Verzweiflung auslöst. Ich sagte nicht, daß es sich aller Wahrscheinlichkeit nach um ein schon weit fortgeschrittenes Schilddrüsencarcinom gehandelt hat. Ich schleuderte dem Patienten und den Angehörigen nicht ein völlig vernichtendes Urteil ins Gesicht, das sofort jedwede Hoffnung erlöschen läßt.

Fall 14:

Ein weiterer dramatischer Fall hat mich sehr berührt. Die Tochter unseres Bäckers in meiner Heimat litt unter ständigen Oberbauchschmerzen. Sie fuhr deshalb in eine Leipziger Klinik, wo sie einschließlich Röntgenuntersuchung des Magens intensiv untersucht wurde. Eine Diagnose konnte nicht gestellt werden. Sie rief mich dann in der Klinik an, und ich empfahl ihr, sich in unsere stationäre Untersuchung und eventuelle Behandlung zu begeben. Dies geschah auch. Die Patientin war erschreckend verfallen, und mich beschäftigten trübe Gedanken. Ich röntgte den Magen und fand zu meinem Erschrecken ein in den Magen penetrierendes Pancreascarcinom.
Es war dies in den 50er Jahren ein inoperabler Befund. Man mußte hier dem Schicksal seinen Lauf lassen und der Patientin die beste Pflege angedeihen lassen, auch seelisch, und mußte ihr vor allem mit allen zur Verfügung stehenden Mitteln die Schmerzen nehmen, bis sie eines Tages völlig unerwartet vom Freund Hein, als wahrem Freund, heimgeholt wurde. Es war für die Patientin eine Erlösung.

Fall 15:

Einen erschreckenden Fall erlebte ich in einer unserer zwei Ambulanzen. Ein 32jähriger Mann kam zu mir und zeigte mir an der Außenseite des linken Oberarmes eine gestielte Warze, die ansonsten völlig unauffällig war, auch unter einem starken Vergrößerungsglas besichtigt. Er bat mich, diese gestielte "Warze" zu entfernen, da er sich diese immer wund scheuern würde. Nach ganz eingehender Untersuchung und Überlegung exzidierte ich diesen gestielten Tumor groß oval bis auf die Faszie. Als ich dann zwei Tage später den histologischen Befund in Händen hielt, mußte ich mich vor Erregung setzen und brachte kein Wort heraus. Bei dem gestielten warzenähnlichen Tumor handelte es sich um ein *farbloses Melanom*. Ein halbes Jahr später verstarb der junge Mann, nachdem sich bereits deutliche Hirnmetastasen gebildet hatten. Oh, Schicksal, wie kannst Du so hart und unmenschlich sein! Dieser Fall, ein echter Nackenschlag, ging mir noch lange Zeit nach.

Fall 16:

Ein junger Mann wurde eingeliefert mit einem großen Oberlippenkarbunkel. Schon einen kleinen Oberlippenfurunkel nehmen wir chirurgisch sehr ernst, denn stets droht die Gefahr einer septischen Thrombose der Vena angularis und damit Infektion des gefürchteten Sinus venosus an der Schädelbasis innerhalb der Schädelkapsel. Eine septische Sinusthrombose war zu diesen Zeiten immer mit der Gefahr des Todes verbunden. Es gelang, die Vena angularis freizupräparieren, und die rechtzeitige Unterbindung dieser Augenwinkelvene verhinderte das oben genannte Unheil. Erfahrene Chirurgen haben stets davor gewarnt, einen Lippenfurunkel operativ zu öffnen. Oberlippenfurunkel müssen stets konservativ behandelt werden. Mein Patient wurde gesund aus stationärer Behandlung entlassen.

Fall 17:

Ein ca. 40jähriger Mann erkrankte an einem Carcinom der Highmorschen Höhle links. Nach Unterbindung der äußeren Halsschlagader links wurde mehr als die Hälfte des Oberkiefers reseziert. Später erhielt der Patient eine so gut sitzende Oberkieferteilprothese, daß er sogar in der Lage war, als Telefonist zu arbeiten.

Anläßlich eines Kongresses in Halle, der von Herrn Professor Dr. Reichenbach geleitet wurde, wurde der Patient dort vorgestellt.

Fall 18:

Eines nachts wurden im bitterkalten Winter zwei junge Mädchen eingeliefert. Sie waren von einem Tanzvergnügen in dünnster Bekleidung von einem Kraftwagen angefahren worden und lagen eine lange Zeit mit multiplen Knochenbrüchen in einem Straßengraben, wo sie dann gefunden und in das Krankenhaus gebracht wurden. Sie waren massiv unterkühlt, aber bei vollem Bewußtsein. Nach langsamer eigener Wiedererwärmung wurden die multiplen Frakturen konservativ versorgt. Der Heilungsverlauf war komplikationslos infolge der starken Unterkühlung. Rasche Wiedererwärmungsschäden sind schlechter als Kälteschäden. Deshalb konnte man im vorliegenden Fall nichts anderes tun, als die vorsichtige Wiedererwärmung abzuwarten und zu unterstützen, um erst nach Einregulierung des gestörten Gasstoffwechsels und der darniederliegenden Kreislauflage die konservative Versorgung der Frakturen vorzunehmen. Die Unterkühlung hat in der Chirurgie, vor allem in der Unfallchirurgie, nicht nur Nachteile, sondern auch Vorteile, indem bei vorsichtiger Wiedererwärmung der Heilungsprozeß in Knochen und Weichteilen zumeist schneller und unkomplizierter vor sich geht.
Man kann eine absichtliche Unterkühlung herbeiführen und sich diese nutzbar machen. Ich denke dabei an die Operationen am offenen Herzen, als es noch nicht die Herz-Lungen-Maschinen in allen Kliniken gab. Die Patienten wurden in Narkose in Eis eingepackt. Dadurch sank die Temperatur auf unter 30 Grad. Wir gaben diesem Verfahren den Namen "Eisrevue".
Ich betone nochmals, daß die vielen Frakturen bei beiden oben genannten Mädchen relativ schnell und komplikationslos verheilten. Unterkühlungsbedingt erkrankten die beiden Mädchen nicht, vor allem auch nicht in Form einer Lungenentzündung.

Fall 19:

Ein ca. 18jähriger Junge wurde wegen eines relativ ausgedehnten Braunen Tumor im Bereich der proximalen Hälfte des rechten Oberarmes eingewiesen. Brauner Tumor ist die Bezeichnung für die gutartigen "Resorptionsgeschwülste" des Knochens bei Hyperparathyreoidismus. Man bezeichnet den Tumor auch als Osteodystrophia fibrosa. Die braune Farbe erhält dieser Knochenabschnitt durch Haemosiderinablagerungen. Der befallene Oberarmabschnitt, einschließlich Oberarmkopf, wurde entfernt,und der große Defekt wurde ersetzt durch Implantation eines gleichlangen Knochenstückes aus dem Wadenbein, wobei das Wadenbeinköpfchen in die Cavitas glenoidalis eingesetzt wurde. Das Transplantat heilte reizlos ein, und die Funktion im rechten Schultergelenk war bei der Entlassung befriedigend.

Fall 20:

Oben beschrieb ich einen Todesfall nach Oberschenkelküntschernagelung infolge Fettembolie. Professor Küntscher hat zum erstenmal im Langenbeckhaus in Berlin seine Methode (Küntschernagelung) auf dem Chirurgenkongreß erklärt und eine ganze Reihe glänzender Ergebnisse anhand von Röntgenbildern demonstriert. Im Rahmen des Kongresses wurde jedoch die hohe Gefahr einer Fettembolie aus dem Bereich des Knochenmarkes hervorgehoben. Seit dem Verlust des jungen Mannes infolge Fettembolie nach Küntschernagelung des Oberschenkels habe ich die Frakturen der langen Knochen nur mit Hilfe der Plattenosteosynthese fixiert. Ich habe keinen Küntschernagel mehr angerührt, auch wenn im Rahmen der Plattenosteosynthese Weichteile in ausgedehnter Weise durchtrennt werden müssen.

Fall 21:

Ich verweise auf den oben geschilderten Fall eines Polizisten, dem von einem Kameraden eine MP-Salve in die linke Körperhälfte geschossen worden war. Dabei muß es sich um einen *Zweihöhlenschuß* gehandelt haben, da ich im Bereich der linken Zwerchfellhälfte ein kleines Schußloch vorfand, das ich lege artis verschloß.
Bei diesem den Thorax links durchdringenden Schuß muß es dann wohl zur Verletzung des Herzbeutels gekommen sein, wodurch es dann ca. 10 Stunden nach der umfangreichen Operation vor allem im Bauchraum zu dem beschriebenen Herzversagen gekommen sein muß (Herzinfarkt?).

Fall 22:

Oben berichtete ich auch von einer Schneiderin, die sich beim Schneiden von blaugefärbtem Stoff in den 5. Finger der linken Hand gestochen hatte. Die Folge war eine schwere fortschreitende Infektion, die die Absetzung des 5. Fingers links unter Mitwegnahme des Mittelhandknochens erforderlich machte. Um die Ausdehnung der schweren Infektion in den ganzen linken Arm zu verhüten, mußte ich die Weichteile des ganzen Armes in Form langer Einschnitte mit Eröffnung der Bindegewebshüllen und die zwischen den Muskeln liegenden Nischen eröffnen. Es kam zu keiner Gasbrandinfektion, und alles nahm ein gutes Ende. Der Arm konnte erhalten bleiben, und die Schneiderin blieb am Leben und konnte bald wieder arbeiten.

Fall 23:

Im Rahmen der Betreuung eines Arbeiter-Sanatoriums (mit physikalisch-diätetischer Therapie) mußte ich viele Bergarbeiter mit berufsbedingten traumatischen Schäden durch Preßlufthammerarbeiten über lange Zeit behandeln. Ich bediente mich unter anderem dabei auch der Ganglion-Stellatum-Blockaden, indem ich die unteren Halsganglien und oberen Brustganglien blockierte abwechselnd rechts und links, aber nie beide Seiten gleichzeitig. Diese Ganglionblockaden führte ich im Krankenhaus auf einem Operationstisch durch. Danach mußten die Patienten für fünf Stunden in einem Krankenhausbett liegen, bevor ich sie wieder in das Sanatorium entlassen konnte.

Fall 24:

Am 12.4.1991 um 5.45 Uhr bat mich mein Patient X. um einen Hausbesuch, da er über erhebliche Schwindelerscheinungen beim Liegen auf der linken Seite klagte. Bei der Durchuntersuchung fand ich im Bereich des linken Supraclavicularraumes einen kleinhühnereigroßen derben glattwandigen Tumor. Auf der linken Seite liegend, kam es dann zur Kompression der Arteria carotis, wodurch die Schwindelerscheinungen ausgelöst wurden. Im Krankenhaus Hamburg-Harburg wurde dann nach Exstirpation der vergrößerten Halsdrüse ein niedrigmalignes centroblastisch-centrocystisches Nicht-Hodgkin-Lymphom vom folliculärem

Subtyp gefunden, und der Patient wurde zur Weiterbehandlung in die Haematologische Klinik am AK. St. GeorgHamburg, überwiesen.
Die Behandlung bestand unter anderem in Form mehrerer Bestrahlungsserien und mehrerer Chemotherapieserien, wodurch es dann zum Verschwinden der vielen Lymphom-Metastasen kam. Die Nachuntersuchung in der hämatologischen Abteilung des Krankenhauses St. Georg Hamburg am 13.4.1995 ließ kein Rezidiv der bekannten Lymphogranulomatose erkennen.
Abschließend kann folgendes gesagt werden: Herr X. ist ein ausgesprochener Glückspilz, da er infolge der großen Lymphdrüse in der linken Supraclaviculargrube, auf der linken Seite im Bett liegend, durch Kompression der Arteria carotis links schwerste Schwindelerscheinungen bekam, weswegen ich in den frühen Morgenstunden in seine Wohnung gebeten wurde. Dieser Vorfall war dann die Ursache weiterer Untersuchungen mit dem Ergebnis, daß die Lymphogranulomatose diagnostiziert werden konnte und daß sich der Patient nach vielen Behandlungsserien bei Lymphomfreiheit 4 Jahre nach der Diagnosestellung jetzt relativ wohlfühlt. Es kann daher angenommen werden, daß der Patient die schwere Krankheit überstanden hat.

Fall 25:

Eine über fünfzigjährige Frau wird eingewiesen wegen unklarem Abdomen mit mehrfachem Erbrechen. Dieses Erbrechen war anfangs hell und wurde dann zunehmend dunkel. Aus der Krankengeschichte war zu entnehmen, daß die Patientin im Laufe der Jahre mehrmals im Bereich des Abdomens operiert worden war (Cholecystectomie, Appendektomie, Unterleibsoperation).
Die jetzige Anamnese sprach einwandfrei für einen bestehenden Dünndarmileus, zumal die Abdomen-Röntgenaufnahme viele Spiegel aufwies. Eine Darmlähmung war noch nicht eingetreten. Während der auftretenden Krampferscheinungen im Abdomen hörte man mit dem Stethoskop ein deutliches Plätschern. Der ganze Befund und die Vorgeschichte sprachen einwandfrei für einen bestehenden Dünndarmileus, der nach einer gewissen Vorbereitung die alsbaldige Operation verlangte. Eine alte Chirurgenregel lautet: "Lasse nie über einem Darmverschluß und über einem eingeklemmten Bruch die Sonne untergehen!" So wurde die Patientin nach einer gewissen Vorbereitung operiert, und man fand ca. in Dünndarmmitte eine Bride, die den Dünndarm abknickte. Diese Bride wurde entfernt. Der Dünndarm war

glücklicherweise noch nicht durchblutungsgestört, so daß man es bei der Bridenentfernung belassen konnte. Im Rahmen der Operation ließ man wegen der drei vorangegangenen Bauchoperationen den gesamten Dünndarm durch die Finger gleiten, fand aber glücklicherweise nirgends eine Stelle, die für eine beginnende Darmeinengung sprach. Die Patientin erholte sich nach der Operation komplikationslos und konnte schon nach 10 Tagen aus stationärer Behandlung entlassen werden.

Fall 26:

Ein alter Patient (zwischen 70 und 80 Jahren) wird mit einer Symptomatik einer Darmlähmung eingewiesen. Nach guter Vorbereitung wird der Leib eröffnet. Die kleinen Darmarterien sind nur ganz schwach gefüllt und pulsieren nicht mehr. Nun ist die Diagnose klar: Die Darmlähmung rührt von einer schweren Störung der Durchblutung her, und es besteht ein sklerotischer Verschluß der Mesenterialarterien. Ein schlechter Befund, bei dem nichts mehr zu machen ist. Im rechten Unterbauch wird ein künstlicher After angelegt, der am folgen Tag eröffnet wurde. Trotz und allem: Der Darm transportierte nicht mehr, er ist komplett gelähmt. Unweigerlich wandern aus dem absterbenden Darm Keime in die freie Bauchhöhle. Es entwickelte sich eine schwere diffuse Bauchfellentzündung, an der unser alter Patient in der zweiten Nacht jämmerlich zugrunde ging.

Fall 27:

Nun berichte ich über einen ebenso tragischen Fall, der allerdings einen jungen Mann betraf, der sich durch eine Sucht quasi selbst unter die Erde brachte. Dieser junge Mann aus guter Familie kam in schlechte Kreise und wurde Alkoholiker. Er verkonsumierte täglich große Mengen Bier und Schnäpse, bis sich das Bild einer Leberzirrhose zeigte. Im Rahmen der Leberzirrhose kam es zu Stauungen im Pfortadergebiet, und dann bildeten sich Varizen im Bereich der Speiseröhre.
Der Druck in diesen Varizen wurde so hoch, daß es zum Platzen der Varizen kam. Die Blutungen wurden von Zeit zu Zeit immer stärker, so daß der relativ junge Mann rettungslos durch Verblutung den Tod fand. So können sich also auch junge Menschen selbst tödlich zugrunde richten.

Fall 28:

Im ersten Teil meiner Lebenserinnerungen schrieb ich auch über die sogenannten Cutisplastiken und nannte dabei Professor Dr. Rehn, der das Gebiet der Cutisplastiken systemisch erarbeitet hat. Der erste Chirurg, der die Cutisplastiken in Anwendung brachte, war im übrigen Professor Max Lebsche, Schüler von Geheimrat Professor Dr. Sauerbruch. Max Lebsche verbrachte sein ganzes berufliches Leben in München, das heißt, daß er nicht mit Professor Dr. Sauerbruch nach Berlin gegangen war. Professor Dr. Lebsche war mit seiner Klinik tief verbunden. Er war wirklich 24 Stunden im Dienst. Professor Dr. Nissen schreibt in seinem Nachruf zum siebzigsten Geburtstag von Professor Lebsche, daß er und alle Assistenten in der Münchener Klinik ebenso sehr Lebsches wie Sauerbruchs Schüler gewesen sind.
Wie schon im ersten Teil meiner Erinnerungen weise ich auf die Vielfältigkeit und auf die großen Vorzüge der Cutisplastiken hin. Ich schrieb: Warum in die Ferne schweifen, sieh das Gute liegt so nah! So sollte man das Einbringen von Fremdmaterial in den Körper vermeiden, wo man mit Cutis in Streifenform oder breiteren Partien genauso gut auskommen kann, wie mit Metall oder Kunststoffen. Der Vorteil der Cutisplastiken ist in vielen Fällen größer als bei Metall und Kunststoffen. Der große Vorteil ist, daß man die Cutisplastiken im Körper belassen kann, während Metalle nach geraumer Zeit entfernt werden müssen. Interessant für mich und ausschlaggebend für weitere diesbezügliche Verfahren war der schon oben beschriebene Fall einer Schienbeinspiralfraktur bei einer Kurpatientin. Gewöhnlich versorgte man diese Fälle mit Metalldrahtumschlingungen, die in einer beträchlichen Spannung der Knochenhaut aufliegen. Folge mußte hier sein, dass durch die straffe Drahtumschlingung die Durchblutung der Knochenhaut gedrosselt wurde mit der Folge einer verzögerten Bruchdurchbauung. Bei der Cutisplastik in derartigen Fällen wird aus dem Oberschenkel (Außenseite) ein Cutis-"Schnürsenkel" entnommen, dessen Innenseite und Außenseite präpariert wird. Damit wurde die Spiralfraktur vielfach nebeneinander umschlungen, wobei jede der Umschlingungen miteinander durch feine Catgutnähte verbunden wurde, so daß im Bereich der Fraktur eine Art Cutis-Muff entstand. Die Fraktur heilte in idealer Stellung relativ schnell und, wie gesagt, das Cutismaterial konnte im Unterschenkel belassen werden.
Wie ich in meinem ersten Berichtsteil schrieb, gibt es unendlich viele Möglichkeiten, wo das körpereigene Material Cutis Verwendung finden kann.

Fall 29:

Noch einmal will ich auf die Behandlung der chronischen Unterschenkelgeschwüre eingehen, die ich ausgearbeitet und gepflegt habe. Bislang wurden diese kaum zu beeinflussenden Ulcera mit Salben oder sogar mit ungesalzenem Schweineschmalz behandelt. Zumeist ohne wesentlichen Erfolg. Dann ging man dazu über, die Ulcera mit dünnen Hautstreifen zu decken, die aber nicht lange belastungsfähig waren und früher oder später abgestoßen wurden. So kam ich auf folgenden Gedanken: Ich umschnitt die Ulcera bis auf die Muskelfascie. Den Wundgrund reinigte ich mit Mull-Lappen, die mit Eigenblutserum getränkt waren. Nach völliger Reinigung (Abstriche sollten steril sein) entnahm ich aus dem Oberschenkel sogenannte Reverdin-Hautläppchen, die ich pflastersteinartig aneinanderliegend auf die Ulcuswunde auflegte. Daraufhin erfolgte offene Wundbehandlung, und es wurden Tag und Nacht in geringer Zahl Tropfen einer physiologischen Kochsalzlösung aufgebracht, bis eine ausreichende Heilungstendenz sichtbar wurde. Dann erfolgte weiterhin eine offene Wundbehandlung ohne Auftropfen von Kochsalzlösung. In allen Fällen entwickelte sich eine feste und belastungsfähige Narbe ohne Ulcusrezidiv. Ich berichtete oben, daß sogar zwei Patienten aus Leipzig angereist kamen, um sich in dieser Form behandeln zu lassen.
Vor Jahren beschrieb die Hautklinik aus dem Allgemeinen Krankenhaus Hamburg-Heidberg diese Behandlungsmethode, die ich leider in den fünfziger Jahren aus Zeitnot nicht veröffentlichen konnte.

Fall 30:

Eine Patientin beobachtete im Bereich des rechten unteren Halsdreiecks einen kleinen Lymphknoten. Deshalb suchte sie einen niedergelassenen Chirurgen auf, der den Lymphknoten in örtlicher Betäubung entfernte. Während dieses operativen Eingriffes verspürte die Patienten plötzlich einen schlagenden Schmerz, als wenn sie sterben müsse. Am 28.6.1989 stellte eine Neurologin eine deutliche periphere Accessoriusparese fest mit Atrophie des oberen Trapeziusanteiles mit deutlich verminderter Innervationsdichte.
Da es sich wohl um eine fehlerhafte Behandlung (ich vermeide das Wort *Kunstfehler)* gehandelt hat, kam es zur gerichtlichen Auseinandersetzung. Die Patientin wurde von dem behandelnden Chirurgen weder mündlich noch schriftlich über die Operation und über die möglichen Folgen

aufgeklärt. Sie habe kein diesbezügliches Schriftstück unterschrieben (das war die erste Unterlassungssünde). Um für das Gericht weiteres Licht in den Fall der Patientin zu bringen, schrieb ich an den die Patientin vertretenden Rechtsanwalt folgende Erläuterungen.

1.) Der Nervus accessorius ist einer der Nerven, der bei Operationen zur Entfernung von Drüsen im seitlichen Halsdreieck am häufigsten verletzt wird. *Die Folgen dieser Nervenverletzung sind derart schwerwiegend, daß die Unterlassung der umfangreichen mündlichen oder schriftlichen Aufklärung* durch den operierenden Chirurgen bereits die erste fehlerhafte chirurgische Handlung bedeutet.

2.) Bei Operationen im seitlichen Halsdreieck ist besondere Vorsicht geboten, um den Nervus accessorius nicht zu verletzen. Zu dieser Vorsichtsmaßnahme gehört zwangsläufig das ganz sorgfältige Präparieren im ausreichend weit geöffneten Operationsfeld mit Darstellung des Nervus accessorius entweder am hinteren Rand des Kopfnickers oder von vorn her vor seinem Eintritt in den Muskel.

3.) Wie wichtig es vor allem für den Patienten ist, ihn vor der Operation in vollem Umfang, die möglichen Operationsfolgen betreffend, aufzuklären, ist an der Tatsache zu sehen, daß es bei der Läsion der Nervus accessorius (11. Hirnnerv) im seitlichen Halsdreieck *zum typischen Bild der Trapeziuslähmung kommt.* Der Arm kann nicht mehr über die Horizontale angehoben werden, der Schultergürtel hängt nach unten, das Schulterblatt steht etwas vom Thorax (Brustkorb) ab. Durch Druck des Schultergürtels auf den Plexus brachialis (Armnervenplexus) und die großen Gefäße entstehen Paraesthesien der Hand und der Finger, sowie Zirkulationsstörungen des Armes.
Wäre die Patientin vom Operateur in ausreichendem Umfang vor der Operation aufgeklärt worden, hätte sie mit Sicherheit von der Durchführung der geplanten ambulanten Operation Abstand genommen.

4.) Im Falle der Durchtrennung des Nervus accessorius ist unverzügliche neurochirurgische Versorgung der Läsion in einer neurochirurgischen Klinik unter stationären Bedingungen unerläßlich.

5.) Die Patientin berichtete mir, daß sie im Verlauf der Operation ganz plötzlich einen heftigen Schmerz verspürte, und sie habe das Gefühl gehabt, "sterben zu müssen". Diese Schmerzreaktion muß wohl der

Operateur beobachtet haben, denn er teilte der Patientin sogleich mit, daß er mit der Operation bald fertig sein würde. Diese durch die Patientin geäußerte Schmerzreaktion muß für den Operateur das untrügliche Zeichen gewesen sein, daß er im Verlauf der Operation im seitlichen Halsdreieck den Nervus accessorius lädiert hat.

Es folgte sodann der zweite chirurgische Fehler ("Unterlassungssünde"), wenn die Patientin bei Erkennen der Nervenläsion nicht umgehend in neurochirurgische stationäre Behandlung weitergeleitet wurde.

Zweifellos liegt im vorliegenden Falle eine fehlerhafte Behandlung vor, (ich vermeide stets gern das Wort "Kunstfehler"). Einen "Kunstfehler" kann nur derjenige Arzt begehen, der die Kunst beherrscht. Ein Anfänger kann zwar Fehler begehen, aber man kann ihm keinen eigentlichen Kunstfehler anlasten, da er eben die Kunst dieser oder jener Operation nicht beherrscht. Im vorliegenden Falle bestand aber ohne Zweifel ein Kunstfehler.
Im Grunde genommen begeht ein Arzt nie einen Behandlungsfehler unter Vorsatz. Er handelt nach bestem Wissen und Gewissen; denn er will ja dem Patienten helfen. Uns interessiert die mangelnde Vorsicht und die vorherige genaue anatomische Information, eine Fahrlässigkeit, die zur Basis eines "Kunstfehlers" werden kann.
Viel wichtiger als der Streit um Recht und Unrecht, um die Schuldfrage, scheint mir aber hier die Versorgung der Geschädigten zu sein. Nicht der Schädigende sollte im Mittelpunkt der Auseinandersetzung stehen, sondern der effektive Schaden, also der Geschädigte, dem geholfen werden muß.
Entsprechend dieser Tatsache entschied auch das zuständige Gericht, da die Geschädigte in der Gebrauchsfähigkeit des rechten Armes als Rechtshänderin gravierend und schmerzhaft bis zum heutigen Tage eingeschränkt ist. Zu beachten ist auch, daß es sich bei der Geschädigten um eine Sekretärin handelt, die in ihrem Beruf täglich eine Schreibmaschine zu bedienen hat. Auch im Haushalt ist die Geschädigte gravierend eingeschränkt, da es ihr zum Beispiel nicht möglich ist, Fenster zu putzen

<u>Fall 31:</u>

Hier berichte ich über einen Fall aus den vierziger Jahren, der eigentlich nicht in das Gebiet der Chirurgie fällt, der aber geeignet ist, veröffentlicht zu werden. In den Jahren 1945 bis 1950 betreute ich als alleiniger Arzt einen Gemeindeverband mit ca. 10.000 Seelen. In diesen Jahren waren Diphtherie und Scharlach sehr häufige Krankheiten. Deshalb nahm ich immer eine mehr als notwendige Menge Diphtherieserum mit auf meine Hausbesuche. Dies rettete wahrscheinlich einer zwanzigjährigen Patientin das Leben, zu der ich gerufen wurde. Ich fand die Symptome einer verschleppten allerschwersten Diphtherie mit massiven, fast schwarz erscheinenden Belägen im Bereich der Tonsillen und im Bereich des Rachens, soweit zu sehen war. Die Sprache war kaum verständlich, soweit müssen die massiven Diphtheriebeläge in die Tiefe ausgedehnt gewesen sein, und die Atmung gestaltete sich beschwerlich, so daß man ohne sofortige Behandlung mit Sicherheit eine Tracheotomie hätte durchführen müssen. Ich verabreichte der Patientin alles Diphtherieheilserum, das sich in meiner Besuchstasche befand, teils intramusculär und sogar in größerer Menge in die Halsmuskelregion. Diese Behandlung hat mit ausreichender Wahrscheinlichkeit dem Mädchen das Leben gerettet. Sofortiger Transport in eine Infektionsabteilung wurde veranlaßt, wofür sogar ein Krankenkraftwagen zur Verfügung stand; und dies, obwohl der damalige Kreisrat mir einmal persönlich am Telefon sagte, wir sollten gefälligst unsere Kranken mit der Schubkarre ins Krankenhaus fahren! Das Mädchen wurde dann nach vielen Wochen mit geringen Lähmungserscheinungen in meine Weiterbehandlung entlassen. Nach ca. 1 Jahr war das Mädchen dann gesund und voll leistungsfähig.

Fall 32:

Ein todkranker Mensch versuchte sich mit einem starken Schlafmittel das Leben zu nehmen, da ihm das Leben nicht mehr lebenswert erschien und er Tag und Nacht schwer unter der Erkrankung zu leiden hatte. Man fand ihn sterbend und konnte ihn mit einer großen Dosis Coramin und durch eine Magenspülung wieder zum Leben erwecken. Kurze Zeit später wurde der Patient erneut sterbend eingeliefert, da der arme verzweifelte Mensch wiederum sein Leben wegwerfen wollte, weil es ihm zur Qual geworden war. Es tauchte hier die Frage auf: Niemand darf und kann sich letzten Endes über den Lebens- und Sterbenswillen eines anderen Menschen einfach hinwegsetzen. Ein Verstoß gegen die Grundrechte und die Freiheit des Individiums ist unmenschlich und unbarmherzig. Eine Rettungspflicht ist nur dann sinnvoll, wo ein Lebenswille sicher noch vorhanden ist oder mit Sicherheit angenommen werden darf, wie bei jedem Verunglückten. Zu respektieren hat man das Recht zu leben. Warum aber respektiert man nicht auch das Recht, sterben zu wollen?

Nun will ich noch über einige Fälle der Gynäkologie und Geburtshilfe berichten.

Fall 33:

Mir sagte einmal mein alter Chef wörtlich: "Wer bei einer Gebärmutterausschabung noch nie mit der Kürette durch die Gebärmutterwand durchgestoßen ist, hat noch keine Abrasio durchgeführt".
Ich habe in meiner langjährigen klinischen Tätigkeit sehr viele Gebärmutterausschabungen durchführen müssen, teils bei gewollten oder nicht gewollten Fehlgeburten, teils bei amtlich genehmigten Schwangerschaftsunterbrechungen. Bei einem Fall von Fehlgeburt im 4. Monat löste sich nach Abstoßen des Foeten die Plazenta nicht vom Uterus, so daß mit der zunächst stumpfen Kürette nachgeholfen werden mußte. Mit leichter Hand (das heißt: Die Kürette wurde beim Einführen in die Gebärmutterhöhle nicht mit der Hand gefaßt, sondern der Kürettenstiel lag locker auf der Hohlhand, um mit aller Vorsicht ein Durchstoßen der Kürette durch die Gebärmutterwandung zu verhüten) wurde die Kürette in die Gebärmutterhöhle eingeführt, und es wurde versucht, die an der Gebärmutterwandung befindliche Plazenta zu lösen. Da dies nicht gelang, wurde eine etwas schärfere Kürette genommen, bei der ich auch erfolglos blieb.
Um die Plazenta doch noch lösen zu können, übte ich einen vermehrt seitlichen Druck aus und plötzlich merkte ich, daß ich mit der Kürette die Gebärmutterwandung perforiert hatte. Die Narkose wurde fortgesetzt und mittels Bauchschnitt wurde der verletzte Uterus entfernt. Bei genauer Betrachtung, auch durch mehrere Schnitte, erkannte ich, daß es sich um eine Plazenta increta gehandelt hat, das heißt, die Plazenta war in die Gebärmutterwand unlösbar eingewachsen, so daß es dann beim Versuch der Lösung der Placenta zum Aufreißen der Gebärmutterwand hatte kommen müssen. Es handelte sich also um ein schicksalbedingtes nicht zu verhinderndes Ereignis, schon gar nicht um einen Behandlungsfehler.

Fall 34:

Eines nachmittags bat mich eine Hebamme darum, sofort in ein benachbartes Krankenhaus zu kommen, da sie eine Gebärende betreute, wo das wahrscheinlich schon tote Kind in Querlage liege und sie nicht in der Lage sei, die Wehentätigkeit zu stoppen. Mit rasendem Tempo fuhr ich die 20 km in das benachbarte Krankenhaus und fand dort eine abgekämpfte Entbindende, die noch immer von heftigen Wehen gequält wurde. Die Untersuchung ergab tatsächlich ein Kind, das sich in Querlage befand. Die Herztöne waren nicht mehr zu hören, so daß man eine Totgeburt annehmen mußte. Die Entscheidung für mich war außerordentlich schwer. Nach einer geringen Dosis Morphium beruhigte sich der Uterus, und es gelang mir die Wendung auf die Füße und damit die Entbindung zu beenden. Ich fand zu meinem allergrößten Schrecken, daß das untere Uterinsegment pergamentartig dünn ausgezogen war. Ich ging also das unverzeihliche Risiko ein, die Geburt durch Entwicklung auf die Füße zu beenden unter der Gefahr, daß es zu einem tödlich blutenden Uterusriß kommen konnte. Überlegte ich mir später diesen prekären Fall, hätte ich die Entbindung nur durch eine Schnittentbindung beenden dürfen.

Fall 35: *Betrifft Schnittentbindung.*

Meines Erachtens ist die Schnittentbindung für Mutter und Kind die schonendste Entbindung. Vor allem bei leidenschaftlichen Reiterinnen habe ich immer die Schnittentbindung zur Diskussion gestellt, da bei diesen Frauen ja erfahrungsgemäß die Beckenbodenmuskulatur sehr kräftig ist, wodurch eine normale Entbindung für Mutter und Kind recht beschwerlich und langdauernd ist.
Da ich mich immer rechtszeitig zur Schnittentbindung entschlossen hatte, habe ich gottlob immer eine gesunde Mutter und ein gesundes Kind gehabt. Dramatisch verlief eine Schnittentbindung im Zustand der Eklampsie, als bei bereits geöffnetem Leib Stromsperre eintrat. Ich operierte beim Licht mehrerer Taschenlampen und konnte auch diesen Eingriff glücklich beenden.

Die Geburtszange habe ich nur einmal mit sehr gutem Erfolg angewendet, obwohl ich im Grunde die Geburtszange verabscheute und mich lieber zur Schnittentbindung entschloß.

Fall 36: *Nocheinmal zurück zur Chirurgie.*

Im Laufe der Jahre wurden mehrere Unfallverletzte mit Frakturen im Bereich der Brustwirbelsäule oder Lendenwirbelsäule eingeliefert. Zumeist handelte es sich um typische Kompressionsfrakturen einzelner oder mehrerer Wirbelkörper.
In jedem Fall versuchte ich die Aufrichtung der frakturierten Wirbelkörper nach Böhler. Dem Patienten wurde zunächst eine Injektion Morphium verabreicht, später wurde er in den sogenannten ventralen Aushang gebracht, der folgendermaßen vor sich ging. Mit den Armen fixiert lag der obere vordere Brustkorb auf einer festen Unterlage, während die Beine mit einem Flaschenzug weit nach oben gezogen wurden. In diesem für den Patienten beschwerlichen ventralen Aushang mußte der Verunglückte ca. 1 Stunde aushalten, bis dann ein Gipsbett auf den gesamten Rücken aufmodelliert wurde, das um den Bauch dann noch mit einigen Gipsbindenlagen fixiert wurde, die dann später im Bett gelockert werden konnten. Ich besinne mich, daß es in den Fällen zu einer erfreulichen Wirbelkörperwiederaufrichtung gekommen ist.

Fall 37: *Noch ein Nachtrag zur Carcinombehandlung.*

Zuerst mußte bei dem Patienten zwischen 60 und 65 Jahren die Rectumamputation (1983) wegen Carcinom durchgeführt werden. Ein Anus praeter wurde im rechten Unterbauch angelegt. Anschließend erfolgte eine sehr große Serie Bestrahlungen des gesamten Abdomens. Als Bestrahlungsfolgen entstanden entzündliche Verklebungen des ganzen Dünndarmes mit Verlagerung in den rechten Unterbauch mit erforderlicher operativer Entfernung des gesamten Konglomerates wegen Iliussyndrom.
Weiterhin bestand eine Bestrahlungsschädigung der Harnblase mit einer großen Fistel, weswegen die Harnleiter verlegt werden mußten. Nach einem langen elenden Pflegefalldasein verstarb der Patient dann am 24.7.1991

Ich habe gelernt, gewebsschonend zu operieren und unnötigen Blutverlust zu vermeiden, neigte aber dazu, die Tatsache zu ignorieren, daß die gefährlichste und am leichtesten zu vermeidende Form von Trauma die Zeit ist. Weiterhin habe ich gelernt, zu langsames oder zu schnelles, bzw. hektisches Operieren zu vermeiden. Deshalb war ich so unglücklich, als ich nach meiner Flucht aus der ehemaligen DDR in einem kleineren

Stadtkrankenhaus einen Chefarzt erlebte, der ein ausgesprochen hektischer Choleriker war und auch entsprechend operierte, oftmals fehlerhaft operierte, so daß die Zahl der die Operation nicht Überlebenden ungemein groß war. Wie konnte es zum Beispiel möglich sein, eine retrozöcal gelegene Appendix vom Wechselschnitt aus operieren zu wollen. Es entstand ein Reißen und Zerren, und der Patient hat diesen fehlerhaften Eingriff auch nicht überstanden.
Wie konnte es möglich sein, daß ein Küntschernagel bei einer Oberschenkelfraktur in den Auflagen des Operationstisches landete? Wie konnte es möglich sein, daß beim Versuch, das Ganglion Gasserie zu umspritzen, die Kanüle im Mittelohr landete usw.
Ich habe dieses mich unbeschreiblich belastende Krankenhaus schnellstens wieder verlassen und zwar als siebzehnter Arzt in einer relativ kurzen Zeit.

Schlußbetrachtung

Für einen jungen Arzt, der die Absicht hat, sich der Chirurgie zu widmen, muß diesem von seinem Lehrer mitgeteilt werden, was er im chirurgischen Leben zu erwarten hat. Er darf nicht der Mann sein, der gegen Mißerfolge abgebrüht ist und die quälenden Fragen nach dem Warum ausschaltet.
Der Chirurg benötigt einen hohen Grad seelischer Gesundheit, und dazu gehört unter anderem das Bemühen, ein Schlafdefizit zu vermeiden. Er muß wegen unvorhergesehener nächtlicher Operationen eine gewisse Schlafreserve besitzen. Maßhalten gegenüber dem Alkoholgenuß ist dringend ratsam. Es ist ein Spiel mit der Gesundheit des Patienten, wenn der Operateur im Zustand des Katzenjammers einen Eingriff unternimmt. Der so wunderbare Beruf des Chirurgen verlangt vom Arzt viele Opfer und manchen Verzicht. Durch die Jahrhunderte hindurch ist für den guten Arzt bezeichnend gewesen seine ständige Bereitschaft, dem Kranken in Not und Sorge zu helfen. Der Patient, der uns anvertraut ist, hat ein Recht auf unsere Anwesenheit und Hilfe rund um die Uhr, besonders wenn kritische Situationen sein Leben oder seine Psyche gefährden. Eine solche Verpflichtung läßt sich nicht in die Fesseln eines Achtstundentages oder einer Fünftagewoche pressen, wie ich schon im ersten Teil meiner Lebenserinnerungen so ausführlich behandelt habe. Der Arzt hat, außer wenn er seinen verdienten Urlaub verlebt, die Pflicht, sieben Tage in der Woche rund um die Uhr einsatzbereit und einsatzfreudig zu sein. Arbeitsüberlastung und stete Verfügbarkeit werden für jemanden, der den ärztlichen Beruf liebt, tausendfach kompensiert durch die Befriedigung, welche die Erfüllung seiner Aufgaben ihm schenkt.

Laurence Stern schreibt: "Wir lieben die Menschen weniger um des Guten willen, das sie *uns* tun, als um des Guten willen, das wir *an ihnen* getan haben."

Menschlichkeit und Güte sollten auf unserem Schild stehen!

Wäre es mir vergönnt gewesen, einer chirurgischen Privatklinik vorzustehen, wie das mein guter Vater vor dem Zweiten Weltkrieg ins Auge gefaßt hatte (er hatte die Absicht, für meinen gefallenen Bruder Eberhard und mich auf seinem großen Parkgrundstück eine Privatklinik zu errichten), hätte ich diese Klinik "Haus der heilenden Hände" benannt.

Leider hat das Schicksal in vielen Punkten anders entschieden. Aber es ist auch so gut geworden.

DER CHIRURG

BEENDET SEIN LEBENSWERK

IN DANKBARKEIT

MIT EINEM

AMEN

Glossar

Appendicitis	Entzündung des Wurmfortsatzes (Blinddarm)
Appendicitis perforata	Infolge fortgeschrittener Entzündung durchgebrochener Wurmfortsatz
Arteria cystica	Arterie, die die Gallenblase mit Blut versorgt
Arteria carotis	Große Halsschlagader
Accessorius-Parese	Lähmung des Nervus accessorius im hinteren unteren Halsdreieck mit Atrophie des oberen Trapeziusanteils, zumeist entstanden durch Verletzung des Nervs im Rahmen eines op. Eingriffs im unteren Halsdreieck
Anus praeter	Künstlicher Darmausgang, zumeist im rechten Unterbauch angelegt
Colon ascendens	Aufsteigender Ast des Dickdarms im rechten Bauchraum
Cutis	Haut
Coecum	Anfang des aufsteigenden Dickdarms
Cholezystectomie	Op. Entfernung der Gallenblase
Catgut (Katgut)	Resorbierbares Nahtmaterial aus Katzendarm
Dupuytrensche Beugekontraktur	Krallenfinger durch Schrumpfung der verdickten Sehnenscheiden
Encephalo-Myelo-Meningitis	Entzündung des Gehirns, Hirnhautentzündung und Entzündung der ableitenden Nervenbahnen
Evipan-Narkose	Narkose durch Injektion des Präparats Evipan in die Vene
Empyem	Eiteransammlung
Flexura coli dextra	Übergang vom aufsteigenden zum querliegenden Dickdarm
Fascia lata	Die Muskulatur umgebende derbe Gewebsschicht
Gastroenterostomie	Op. Verbindung des Magens mit dem Dünndarm (Braunsche Anastomose: Verbindung zwischen zwei Dünndarmabschnitten, um Speisenrückfluß zu verhüten)
Ganglion stellatum	Unterer Sympaticusknoten

Ganglion Gasseri	Umspritzung zur Behandlung schwerer Trigeminus-Neuralgien
Highmorsche Höhle	Kieferhöhle
Hodgkinsche Krankheit	Lymphogranulamatose (tumorartige Wucherung des RES i.S. einer Systemerkrankung und zwar lokalisiert als Lymphogranulom mit schlechter Prognose)
Hyperparathyreodismus	Überfunktion der Nebenschilddrüsen
Ileus	Darmverschluß
Koma	Bewußtseinsverlust
Liquor	Gehirnwasser
Letalität	Sterblichkeit
Propädeutik	Einführung in die Lehre eines wissenschaftlichen Fachs
Physikum	Ärztliche Vorprüfung
Peritonitisserum	Heilserum gegen die Bauchfellentzündung
Pancoast-Tumor	Bösartiger Lungenspitzentumor
Plazenta	Mutterkuchen
Rectal-axillare Temperatur-Differenz	Vergleichende Temperaturmessung in Darm und Achselhöhle
Rankenangiom mit Aneurysmen	Geschlängeltes Gehirngefäß mit Ausbuchtung an einer oder mehreren Stellen
Retrocoecal	Hinter dem Dickdarm gelegen
Rectum	Enddarm
Skleren	Augenweiß um die Pupille
SSW	Sächsisches Serumwerk
Tracheotomie	Op. Luftröhrenschnitt